LA MINUTE QUI FAIT VENDRE

N. DUGAY - E. KINGSOON
L. RUDELLE - J. WITRANT

LA MINUTE QUI FAIT VENDRE

MAXIMA
LAURENT DU MESNIL EDITEUR

Nicolas Dugay accompagne les entreprises dans le domaine de la performance commerciale et managériale. Il est l'auteur de nombreux ouvrages autour de la performance mentale ou l'art de la conviction et publie régulièrement des tribunes dans la presse, *Harvard Business Review* et *Management.*

Erika King-Soon accompagne les entreprises dans l'innovation pédagogique au service des « Key Performance Indicators » business. Elle est, par ailleurs, l'auteure de nombreux articles et vidéos autour des techniques d'influences liées à la prise de décision.

Le cœur d'activité de **Laëtita Rudelle** est l'accompagnement des Hommes et des organisations en recherche d'excellence commerciale et/ou managériale. Quel que soit le domaine d'activité, elle plonge au sein des équipes afin de les remettre sur la voie de la croissance continue grâce à son expertise en conseil, formation et coaching.

Julien Witrant passe ses journées à écouter, observer, accompagner et former des commerciaux et des managers depuis plus de 20 ans et il adore ça ! Consultant pour des entreprises de toutes tailles et dans tous les domaines d'activité, il traque avec ses clients les détails qui feront la différence dans leur domaine d'activité.

Les auteurs peuvent être contactés à l'adresse laminutequifaitvendre@maxima.fr

www.maxima.fr
Suivez-nous :
Facebook.com/EditionsMaxima. ViePrivee
Twitter : @EditionsMaxima
LinkedIn : Maxima Editions Instagram : editionsMaxima

MAXIMA
LAURENT DU MESNIL EDITEUR

8, rue Pasquier, 75008 Paris.
Tél : + 33 01 44 39 74 00 – infos@maxima.fr

ISBN : 978-2-81881-0903

Couverture : Agnès Szynkier pour Maxima.

Table des matières

Introduction

Vendre en 1 minute ? Une « sur-promesse » ?

Le paradoxe des méthodes de vente

Les premières méthodes de vente datent de plus de 50 ans et nous viennent des USA. Le principe sur le fond est simple : formaliser l'état de l'art de son activité au plan commercial : de la stratégie à la segmentation du portefeuille, de la saturation qualitative et quantitative du portefeuille à la prise de contact, directe, indirecte ou numérique, de l'entretien de vente à la négociation, de la stratégie de fidélisation au *cross selling*.

Cette phrase est tellement longue que vous ne pouvez pas la retenir. Exactement comme la plupart des méthodes de vente !

Pourtant, la formalisation existe dans de nombreuses sociétés et prend généralement la forme d'un acronyme bien marketé et mobilisateur.

Le constat mené auprès de dizaines d'entreprises est amer : ce sont les meilleurs commerciaux qui profitent le plus de ces méthodes de vente ; il est rare de voir un collaborateur être capable d'appliquer, donc de connaître, l'intégralité de la méthode. Logique, les capacités de chacun à apprendre une méthode sont hétérogènes. La motivation à apprendre et à appliquer est inversement proportionnelle à la motivation à faire comme on veut : c'est un débat vieux comme le monde entre l'inné et l'acquis. Les managers dans le domaine du sport savent désormais qu'ils doivent livrer des vidéos courtes des axes de progrès de chaque joueur. Il n'est plus possible de faire un débriefing d'un match de 90 minutes sur une durée identique.

Il est donc nécessaire d'écrire sa méthode de vente, mais surtout d'identifier les minutes clefs qui font que vos interlocuteurs prennent des décisions.

Ce que ne supportent plus les clients… et les collaborateurs

Si tous les commerciaux appliquent les séquences suivantes, quelle est la valeur ajoutée du commercial ?

Prenons un peu de recul, et visualisons :

- *Je démarre par une accroche personnelle dans le bureau du prospect, une photo, un livre, un avis sur le meilleur trajet pour venir à sa rencontre… : différenciant par rapport à mon concurrent ou pas ?*

- *Je démarre par un pitch personnel et professionnel en début d'entretien: différenciant par rapport à mon concurrent ou pas?*
- *Je pose des questions, ouvertes évidemment: différenciant par rapport à mon concurrent ou pas?*
- *Je reformule les dires du client: différenciant par rapport à mon concurrent ou pas?*
- *J'argumente sur les bénéfices clients: différenciant par rapport à mon concurrent ou pas?*
- *Je réponds «par rapport à quoi» à l'objection, «c'est trop cher»: différenciant par rapport à mon concurrent ou pas?*

Tous les bons livres de techniques de vente vous expliquent qu'il faut respecter les étapes de la vente. Malheureusement, sur le plan opérationnel, cela se passe rarement comme dans les livres.

Les différentes étapes existent, notre propre livre est structuré de cette façon, mais pas forcément dans le sens prévu.

Parfois le client exprime son besoin, parfois il démarre par la négociation, parfois il ne veut pas parler. En tout état de cause, les études montrent aujourd'hui que les acheteurs ne supportent plus les approches stéréotypées, reproductibles, mécaniques.

Bref, vous le voyez, même si ces étapes sont fondées, justifiées, elles montrent à votre interlocuteur que vous êtes comme les autres, donc que vous êtes comparables, donc qu'il faut aller rapidement à la négociation prix.

Les clients l'affirment : 70 % des commerciaux utilisent les mêmes approches.

1 minute ? Oui, mais jamais la même

« À un moment donné, j'ai dit cela, et j'ai senti que c'était gagné ».

« À un moment donné, il m'a posé cette question et j'ai vu que si je ne répondais pas bien, j'allais perdre. »

« À un moment donné, il m'a déstabilisé en me disant cela, et j'ai senti que c'était perdu. »

Toute personne ayant commercialisé un produit ou un service peut parfaitement cibler le moment clé de la vente, la minute qui fait gagner ou perdre. Evidemment, l'ensemble de l'entretien est important et il se doit d'être professionnel, mais la minute qui fait vendre reste dans les esprits. La difficulté se trouve dans la variété de ces minutes qui font la différence.

Cette minute qui fait basculer l'entretien n'est jamais la même, c'est en cela que la vente est un art. L'objectif de ce livre est justement de recenser les moments clefs de la plupart des ventes et de savoir y répondre en se différenciant. Pour vous convaincre, nous nous basons sur des études scientifiques donnant du sens à votre geste.

Comment appliquer durablement ce que vous allez lire ?

Comment développer sa capacité à « convoquer » au bon moment la minute qui fait la différence ? Il n'y a aucun secret :

- Pourquoi vous souvenez-vous des buts de Zidane en finale de coupe du monde ?
- Pourquoi vous souvenez-vous de la danse d'Omar Sy dans *Intouchables* ?
- Pourquoi vous souvenez vous du visage de vos enfants 30 ans après ?

Le secret de la mémorisation est aujourd'hui connu grâce aux neurosciences : la répétition et la mise en place d'émotions associées. Ce sont les émotions qui marquent les souvenirs au fer rouge dans votre cerveau.

Dans l'entreprise nous opposons régulièrement le talent au travail : c'est inutile. Le talent individuel sera la capacité à mettre en œuvre des émotions. Il servira la cause du travail si, justement, vous avez fait le travail nécessaire à l'apprentissage des « minutes » formalisées et décrites dans ce livre.

L'improvisation vient de la répétition des gammes

Il vous faudra donc faire des gammes pour être capable de transférer des émotions et vous différencier de vos concurrents.

Comment réussir son auto-feedback ?

• La démonstration

Lorsque nous vivons une interaction avec un client ou un prospect nous passons par diverses étapes qui provoquent en nous un nombre important d'émotions. Nous en ressentons certaines mais pas toutes, et surtout nous les oublions rapidement, ce qui s'avère dommageable dans une logique d'apprentissage et de connaissance de soi. Fort heureusement, notre cerveau, par le biais de l'amygdale garde la mémoire, après encodage, de ces émotions.

L'amygdale renforce l'encodage des souvenirs par les hormones qu'elle déclenche lors de son activation. Ces hormones favorisent la phase de consolidation des souvenirs qui ne sont pas stockés comme sur un ordinateur mais dont notre cerveau garde quelques traces et complète les trous ici et là. C'est souvent pour cela que si vous évoquez avec un ami un moment passé ensemble il y a quelques mois, il s'en souviendra sûrement très différemment de vous car son cerveau n'aura pas conservé les mêmes traces de souvenir que le vôtre.

Enfin, nous savons bien que nous conservons davantage en mémoire les événements qui nous ont provoqué des émotions. Pour preuve, les gens se souviennent généralement de ce qu'ils faisaient et où ils étaient le 11 septembre 2001 et pas deux jours avant...

Le sujet est de savoir comment finalement « forcer » le mécanisme de la mémoire de ses émotions pour améliorer l'apprentissage.

• L'utilisation concrète au niveau commercial

Vous sortez d'un entretien et vous êtes ravi car vous avez conclu l'affaire. Ou, au contraire, vous pouvez tout aussi bien ne pas avoir emporté le deal. Dans les deux cas, prenez 1 minute pour vous refaire le film de ce que vous avez pu mettre en œuvre ou pas, de la teneur des relations, du respect des étapes de la vente, des détails qui vous ont amené à connaître les besoins et enjeux des parties en présence, de la façon dont vous avez écouté, argumenté, « closé »...

Ce type de rendez-vous avec soi-même est très efficace pour gagner de la confiance en soi, améliorer son apprentissage et donc favoriser sa progression. En effet, vous n'avez pas intérêt à uniquement vous baser sur le résultat final (positif ou pas) pour fixer le baromètre de la confiance en vous.

Il vous sera nettement plus bénéfique de capitaliser sur le chemin accompli lors de l'entretien, les gestes, postures et attitudes que vous avez déployés pour atteindre un résultat. Vous n'avez pas vendu mais vous avez créé du lien ? Un climat favorable ? Vous avez trop parlé ? Vous avez pris des informations précieuses sur votre prospect pour l'avenir ? Est-ce vraiment un échec ? Et surtout comment êtes-vous parvenu à ces résultats ?

En vous permettant de visualiser ces moments, de les revivre (gestes, mots, ton de la voix...) vous goûterez à nouveau le plaisir de la réussite, ou vous éviterez de reproduire vos erreurs, et ferez de ce moment d'ancrage un potentiel réflexe conditionné.

Schématiquement, au niveau neurophysiologique, cela permet d'utiliser l'ADRENALINE de la situation d'urgence et la DOPAMINE (dopant naturel du circuit de la récompense, moteur de l'action) pour vous mettre dans un état performant et être à votre Top niveau.

1•

Les étapes de la vente

Comment rater sa préparation ?

• Pourquoi faut-il fixer les rendez-vous importants en fonction de son horloge biologique ?

« Le monde appartient à ceux qui se lèvent tôt »... qui n'a pas déjà entendu cet adage, avec plus ou moins de bonheur. Cela signifie-t-il que, si nous préférons le soir au matin, nous ne pourrons pas accomplir de grandes choses ?

Nous sommes tentés de vous répondre : *« Il y a de grandes chances »* car les études scientifiques montrent que 70 % de la population est plus performante le matin que le soir. Donc, si vous êtes plutôt du soir, il y a quand même de grandes chances pour que votre interlocuteur soit davantage du matin.

Évidemment, nous constatons tous que notre humeur diffère au cours de la journée mais savez-vous qu'en réalité ces variations sont les mêmes pour chacun d'entre nous? En effet, nous sommes très majoritairement soumis au même rythme chrono biologique: notre bonne humeur croît le matin, décline après l'heure du déjeuner et augmente à nouveau en fin de journée, et ce de manière universelle, quels que soient l'âge, la religion ou la profession.

La démonstration

Le journaliste et auteur américain Daniel Pink a compilé de très nombreuses études sur l'influence du moment de la journée dans lequel nous nous trouvons et notre capacité à réfléchir, analyser et prendre nos décisions.

L'une d'entre elles, menée par l'Université de Chicago, a démontré que les moyennes des notes en mathématiques étaient très supérieures quand les épreuves étaient placées le matin plutôt que l'après-midi. Sur un échantillon de deux millions d'élèves scolarisés à Los Angeles, les résultats indiquent que les élèves sont plus productifs aux premières heures de la journée, par opposition à la fin d'après-midi.

Pensez-vous que notre Ministre de l'Éducation accepterait de fondamentalement changer notre système éducatif sur la base de cette révélation?

Une autre étude, menée cette fois en Caroline du Nord au sein de l'hôpital de Duke, analyse 90 000 procédures chirurgicales et les problèmes qui peuvent survenir à la suite de l'anesthésie. À 9 heures du matin, la probabilité de rencontrer un problème est de 1 %. Elle passe à 4,2 % entre 15 et 16 heures, soit quatre fois plus de risques à 15h30 qu'à 9h30.

Imaginez le nombre de mauvaises décisions dont l'issue aurait pu être favorable si elles avaient été prises en début de matinée !

L'utilisation concrète au niveau commercial

Ne vous méprenez pas, il ne s'agit pas de ne travailler que le matin. Mais bien d'adapter vos actions au moment le plus propice de la journée afin de gagner en efficacité.

Vous avez une importante négociation à mener avec un nouveau client ? Qui plus est, cela va se passer assez loin pour vous obliger à faire quelques heures de route, de train ou d'avion ?

Pour des questions de confort personnel et/ou de coût, peut-être seriez-vous tenté de faire la route le matin, pour assurer ce rendez-vous en début d'après-midi, et être de retour dans votre foyer le soir même ?

En se fondant sur les études précédentes, vous avez compris que vous aurez alors plus de chance de faire échouer cette négociation.

Partez plutôt en fin de journée pour être sur place le lendemain matin, frais et dispo et, surtout, plus enclin à travailler aux intérêts des deux parties.

Le respect de notre rythme chrono-biologique est encore plus important lorsque l'on organise une réunion. Avec des clients, des collègues ou des collaborateurs, à distance ou en présentiel, il faut s'assurer d'atteindre l'objectif (celui qui répond à la question : « quels livrables dois-je obtenir à la fin de cette réunion ? »). Vous préparez donc votre technique d'animation, l'ordre du jour, le rôle de chacun des participants... puis vous envoyez les invitations. Et là, tout va dépendre précisément de votre objectif. Votre livrable est une prise de décision, une analyse des chiffres et la définition du budget de l'année suivante ? Alors il est primordial de fixer cette réunion aux premières heures du matin.

En revanche, votre livrable est une série d'idées créatives pour lancer un nouveau produit ou service ? Alors vous pouvez tout à fait organiser cette réunion d'intelligence collective l'après-midi, moment plus propice pour libérer notre puissance créative.

Une dernière démonstration pour vous convaincre : si vos objectifs doivent croître de 4 % sur un an, le simple fait d'adapter votre organisation à votre biorythme peut permettre de l'atteindre sans souffrir, sans faire d'efforts supplémentaires, sans nouvelles compétences. Juste en adaptant votre agenda à votre biorythme personnel.

• Pourquoi n'atteignez-vous pas plus souvent vos objectifs ?

Plutôt que d'imaginer le résultat final, mieux vaut se concentrer sur le chemin à parcourir et les difficultés que vous êtes susceptible de rencontrer.

Seuls 22 % des objectifs de début d'année, autrement dit ce que l'on appelle communément les « bonnes résolutions », sont tenus. Surprenant de voir que des objectifs que nous nous fixons pourtant nous-mêmes ne sont pas atteints, voire abandonnés dans quatre cas sur cinq.

C'est le bilan de l'étude du psychologue Richard Wiseman[1]. Dans la sphère de l'entreprise, on parle aussi souvent d'objectifs, c'est même le quotidien de la plupart des salariés. Et le temps passé autour des reportings et des objectifs fait partie des complaintes récurrentes des managers, ce qui n'a rien d'étonnant.

Pourquoi voulez-vous qu'un individu atteigne plus facilement les objectifs qui lui sont fixés en entreprise, émanant généralement de sa hiérarchie, plutôt que ceux qu'il s'impose à lui-même ?

Le concept de « management par les objectifs » a été défini en 1954 par Peter Drucker. La méthode consiste à identifier des objectifs quantitatifs et/ou qualitatifs sur une période définie. L'Américain George Doran a

1. *59 secondes pour prendre les bonnes décisions*, JC Lattès, 2010.

été le premier à réellement utiliser l'acronyme SMART, une méthode qu'ont aujourd'hui adoptée la plupart des entreprises. Les objectifs doivent être spécifiques, mesurables, ambitieux, réalistes, temporellement définis. Par exemple, « l'année prochaine je dois courir le marathon en 3h00 » ou « tu dois avoir sept clients de plus d'ici à six mois ». La limite de cette technique est qu'elle est basée sur la visualisation positive de l'objectif à atteindre. Or, ce n'est pas suffisant pour réussir. Cela peut même s'avérer contreproductif et diminuer les probabilités de succès. C'est la découverte inattendue que la professeure de psychologie à l'université de New York et de Hamburg, Gabriele Oettingen, a faite.

La démonstration

À l'occasion des fêtes de Noël, Oettingen demande à deux groupes d'étudiants de rédiger une dissertation. Elle demande aux membres du premier groupe de décrire de façon précise comment ils vont réagir face aux distractions inévitables qui se produiront au cours de leurs vacances, et elle n'impose rien au second. Résultat, 71 % des étudiants du premier groupe rendent leur copie contre 32 % du second.

Le fait d'avoir imaginé les contraintes éventuelles, et donc d'avoir anticipé le comportement à mettre en place, permet de contourner une bonne partie des obstacles et, en définitive, d'être plus performant. Cette nouvelle méthode, basée sur des techniques de contraste mental, donne des résultats exceptionnels :

- des sportifs doublent le nombre de leurs séances d'entraînement sur une période de quatre mois ;
- le temps de récupération de patients après la pose d'une prothèse de hanche est plus court ;
- les participants à un régime réduisent leur poids d'environ 4,5 kilos en un an alors que ceux qui ont simplement « rêvé » d'un poids idéal affichent des résultats nettement moins bons.

Contrairement à tout ce qui était admis jusqu'à présent, la visualisation ne doit pas porter sur l'objectif final et la réussite mais surtout sur les efforts qu'elle va demander, sur les difficultés rencontrées et sur le comportement qu'il faudra adopter face aux obstacles qui se dresseront devant vous. Cette approche est notamment partagée par Gabriele Oettingen dans son livre *Rethinking positive thinking: inside the new science of motivation* (Current, 2015).

L'utilisation concrète au niveau commercial

Comment mettre cette technique en œuvre ? Il faut, pour cela, suivre quatre étapes, résumées par l'acronyme VROP (WOOP en anglais).

V : QUEL EST VOTRE VŒU ? VOTRE OBJECTIF ?

➔ *L'objectif doit dépendre de vous et être atteignable.*

R : QUEL EST LE RÉSULTAT POSITIF QUE VOUS SOUHAITEZ OBTENIR ?

➔ *Quelle serait la meilleure conséquence, le meilleur résultat que vous pourriez obtenir si vous atteigniez votre objectif ? Comment vous sentiriez-vous ?*

O : QUEL SONT LES PRINCIPAUX OBSTACLES ?

➔ *Quels sont les contraintes qui peuvent se présenter et qui risquent de vous détourner de votre but ? Par exemple, un nouveau projet ou client à gérer, des interruptions successives au bureau, le besoin de traiter une tâche en urgence, une invitation à déjeuner, l'appel d'un très bon ami, le manque de motivation, la fatigue, des sollicitations de votre manager…*

P : FAITES UN PLAN

➔ *Que pouvez-vous faire pour surmonter ces obstacles ?*

Définissez une action que vous pourrez prendre ou une pensée à laquelle vous pourrez vous raccrocher pour surmonter ces difficultés. « Si… (obstacle), alors je… (action ou pensée) » : si mon manager me sollicite, je lui demanderai de rendre une autre mission moins prioritaire. Si je suis sollicité par un ami pour aller boire un verre, je lui demanderai un délai de 45 minutes ; si je suis trop fatigué pour faire du sport un soir, je m'engagerai à y aller à l'heure du déjeuner le lendemain ; si j'ai envie d'une boisson sucrée, je boirai deux verres d'eau avant…

Pourquoi cela fonctionne-t-il ? Parce qu'en anticipant les difficultés, les individus se sentent moins découragés lorsqu'ils font face aux premières résistances et ils ont déjà développé des connexions neuronales qui vont leur permettre de trouver des solutions beaucoup plus rapidement.

• Pourquoi la baisse du stress fait-elle augmenter les ventes ?

Avant de plonger dans le vif du sujet, attachons-nous à la notion de stress. Sans remonter jusqu'au 16e siècle au cours duquel on en parlait déjà, il faut savoir que le stress est en fait une réaction chimique inévitable qui s'opère dans notre cerveau. Les hormones sécrétées (l'adrénaline, la noradrénaline et le cortisol) alimentent notre cerveau reptilien (celui qui régit l'action) et provoquent une réaction de fuite, de combat ou de passivité. De tout temps, ces hormones nous ont d'ailleurs permis de sortir de situations bien compliquées…

C'est pourquoi le stress est non seulement normal mais également parfois très bénéfique. Sauf lorsqu'il est en excès.

La démonstration

En 1908 les psychologues Robert Yerkes et John Dilligham Dodson expliquent que le niveau de performance et le niveau de stress sont intimement liés et que la performance varie selon le niveau d'éveil : elle décroît et le stress augmente lorsque l'on est fatigué voire épuisé.

L'Agence Européenne pour la Sécurité et la Santé au Travail propose une définition du stress plus inspirée par la psychologie du travail : « Un état de stress survient lorsqu'il y a un déséquilibre entre la perception qu'une personne a des contraintes que lui impose son environnement et la perception qu'elle a de ses propres ressources pour y faire face. »

Une situation que nous avons tous vécu au moins une fois :

> *Vous avez rendez-vous chez un client afin de lui présenter vos solutions. Vous arrivez à l'heure, vous êtes préparé et là, surprise, un petit comité d'accueil vous attend. On vous annonce d'emblée que vous avez 45 minutes pour convaincre l'auditoire de la pertinence de vos solutions et prouver que vous êtes différent de vos concurrents. Rien de comparable avec ce que vous aviez préparé.*

Évidemment, le stress (négatif) vous gagne. Et le piège dans lequel vous risquez de tomber est celui de la présentation et de la sur-argumentation produit, le tout face à des interlocuteurs impassibles, bras croisés et regards circonspects. Avec de grandes chances que le débat tourne vite autour du prix.

Si vous avez déjà parcouru certains chapitres de ce livre vous comprendrez que dans cette situation, vous êtes mal parti. Et même si vous êtes doué de facultés de résistance au stress hors normes, ce que l'on vous souhaite par ailleurs, vous serez logiquement moins pertinent dans votre argumentation.

Revenons donc un instant sur cette histoire d'hormones...

Une étude, menée par l'équipe de Matra Mather, professeur à l'Université de Californie du Sud, aborde les différences de réaction chez les femmes et les hommes face à des situations de stress. Ainsi, il semblerait que dans ce cas, les hommes, bien plus que les femmes, présentent une diminution de l'activité de la zone de leur cerveau à l'origine de la compréhension des sentiments d'autrui et auront tendance à se replier sur eux-mêmes.

Le docteur Laura Cousin Klein, professeur adjoint au département Sciences du Comportement de Penn State University, explique que cette meilleure gestion du stress par les femmes est due à une sécrétion plus forte d'ocytocine en raison de la présence des œstrogènes. L'ocytocine est une molécule anti-stress et un puissant anxiolytique. C'est l'hormone de l'empathie.

Cela signifie qu'en « travaillant votre empathie » vous favorisez la sécrétion d'ocytocine. Vous faites alors diminuer le stress.

L'utilisation concrète au niveau commercial

Vaste sujet que l'empathie et vous vous demandez peut-être comment, dans un moment de stress croissant, vous allez trouver les ressources en vous pour en faire preuve.

C'est bien plus simple que vous ne le croyez... rappelez-vous ce qu'est l'empathie : la capacité de comprendre l'autre, de l'accueillir dans ce qu'il ressent, de l'écouter.

Et comment comprendre l'autre ? Comment l'écouter ? Comment comprendre ce qu'il ressent et, donc, ses enjeux ? En posant des questions bien sûr !

Au moment où vous ressentez le stress monter, il vous faut réagir et provoquer une interaction qui vous permettra de créer la relation, de collecter l'information nécessaire à votre future argumentation et, également, de prendre le temps de souffler et de rassembler vos idées.

Dans le cas de la situation évoquée plus haut, osez l'introduction suivante :

> *« J'ai peut-être une très bonne solution à vous proposer mais cela va dépendre de vous. En effet, sans connaître vos attentes et vos enjeux, je ne vois pas bien comment je pourrais vous intéresser et vous convaincre. Je vous propose donc de consacrer 15 minutes à préciser votre situation et vos attentes et, ensuite, je verrai si je peux vous être utile. Nous faisons comme cela ? Vous n'y voyez pas d'inconvénients ? »*

Pour ancrer ce réflexe empathique, repensez aux derniers moments de stress que vous avez traversés. Rejouez-vous la scène et, au moment où le stress monte, changez l'histoire. Imaginez-vous dans une posture empathique (regard franc, sourire aux lèvres, gestes et ton calmes) et créez l'interaction en posant une question. Plus vous allez vous visualiser dans cette posture, plus elle deviendra naturelle lorsque la situation se corsera.

Un autre moyen de générer de l'ocytocine : la méditation. Elle place votre corps et votre esprit dans un état de relaxation et de bien-être.

Avant un moment difficile, accordez-vous quelques minutes de méditation pour vous mettre en condition.

• Pourquoi un laborieux travailleur battra toujours un talentueux fainéant ?

En formation nous savons bien que si les apprenants sont passifs il y a peu de chance qu'ils s'engagent au sein même de la formation et encore moins une fois de retour sur le terrain.

Il en va de même pour un commercial avec son client. Si ce dernier attend sagement le rendez-vous, il se sentira peu impliqué. Le phénomène est encore plus important pour les commerciaux qui vendent par téléphone.

Le vendeur a passé X minutes à faire une vente correcte, le client dit OK et on adresse une proposition à retourner signée... et là... plus personne ! Notre commercial relance le prospect une fois, deux fois. Et la probabilité que lui-même ou le client abandonne augmente à mesure que les heures, jours, semaines passent.

La vaste étude menée par le Sales & Marketing Executives Club de Los Angeles sur des milliers de clients et de vendeurs donne les statistiques suivantes :

- 2 % des ventes se font au premier appel de relance,
- 3 % au 2e appel
- 4 % au 3e appel
- 10 % au 4e appel
- 81 % au 5e appel

L'avenir appartient à ceux qui persévèrent... mais ce n'est pas forcément le cas de tout le monde ! L'étude menée cette fois par Dartnell Corp dit également que :

- 48 % des commerciaux abandonnent après le 1er appel
- 24 % des commerciaux abandonnent après le 2e appel
- 12 % des commerciaux abandonnent après le 3e appel
- 6 % des commerciaux abandonnent après le 4e appel
- 10 % des commerciaux abandonnent après le 5e appel

Alors, soyons réalistes et demandons-nous comment engager le client et le pousser à agir dès le premier appel ? En étant un minimum exigeant avec lui !

Comment rater ses démarrages d'entretien ?

• Pourquoi peut-on créer du lien dans 100 % des cas avec la seule question qui vaille ?

La prise de contact est généralement un moment qui va conditionner la suite de l'entretien. Ce postulat se vérifie dans la situation la plus délicate qu'un commercial puisse vivre : la vente sur salon. Nous parlons bien de cet endroit ou des collaborateurs discutent souvent ensemble derrière le comptoir et ne tentent pas d'accrocher les prospects qui passent devant le stand ! Comment faire pour réussir à accrocher dans la plupart des cas sans attaquer de manière agressive ni donner l'impression d'insister lourdement ?

La démonstration

Jim Collins, dans *De la performance à l'excellence – Devenir une entreprise leader*[1] pose la seule question qui vaille pour prendre contact : « *D'où êtes-vous ?* ». En effet, cette question touche à l'univers personnel et il est délicat de ne pas y répondre. On est souvent attaché à son lieu d'origine : il suffit de regarder le patriotisme

1. Pearson, 2013 pour la version française.

des Chtis, des Corses, des Alsaciens ou des Bretons. Il existe peu de régions dont les natifs ne soient pas fiers.

L'utilisation concrète au niveau commercial

Sur un salon, dès qu'une personne passe devant votre stand, vous pouvez essayer la phrase magique : j'ai juste une question à vous poser, vous venez de quelle région ? Et le contact sera noué de manière positive parce que vous aurez mis le prospect dans une position psychologique positive. Evidemment, il vous faudra être habile dans la phase de rebond pour démarrer une conversation plus « commerciale », mais le contact sera établi beaucoup plus facilement que si vous aviez posé la question « est ce que je peux vous aider ? ». Imaginez un vendeur dans un magasin qui vous dirait « écoutez… je vais bien entendu vous accompagner dans votre achat mais avant de démarrer, juste une question que je pose à tous mes clients car j'adore la géographie : d'où venez-vous ? »

D'une manière générale, on aime parler de soi. Dans le cadre d'un rendez-vous physique, la question magique du style « racontez-moi l'histoire de votre entreprise » fait également office de « créateur de lien ».

• Pourquoi votre « Bonjour » peut révéler votre mauvais jour ?

La démonstration

Amélie Clauzel et Caroline Riché – maîtres de conférences en Marketing – ont réalisé une étude à grande échelle sur les interactions entre clients et serveurs de restaurants. Une de leurs conclusions majeures est que chacun doit rechercher dans son environnement le bon curseur de distance sociale. En effet, les clients veulent à la fois être tranquilles (nous n'aimons pas en général que les serveurs soient trop présents ni trop pressants) mais en même temps nous ne souhaitons pas être ignorés. Un des paradoxes à résoudre dans le domaine des services consiste donc à trouver le bon équilibre entre convivialité du service et respect du temps et de l'espace des clients.

L'étude révèle par ailleurs que le champ de l'interaction sociale dépasse celui du champ verbal et s'exprime également dans le non verbal : sourire, attitude, posture, regard...

L'utilisation concrète au niveau commercial

Une expérience à grande échelle menée avec un de nos clients dans la grande distribution a consisté à travailler sur le « bonjour ». Cela peut prêter à sourire et même à fâcher dans un premier temps, puisque tout le monde estime dire bonjour et le faire correctement. Or, bien sûr, ce n'est pas le cas ! Non pas par mauvaise volonté mais parce que dans bien des situations, adresser un vrai « bonjour » est potentiellement compliqué : je suis en train de travailler, je suis en train de parler à un client, à un collègue, etc.

Donc le challenge pour les équipes était simple sur le papier : travailler sa compétence à « dire bonjour » en mêlant :

- le verbal : « bonjour, bienvenue » ;
- le para verbal : ton clair et sincère, volume sonore suffisant ;
- le non verbal : les épaules et la tête tournées vers le client et, bien évidemment, avec un sourire naturel.

Mis en place et animé pendant deux mois dans les magasins, cette démarche a permis à elle seule de faire bondir de 30 % la note de satisfaction de l'accueil !

Croyez-vous que cela n'a pas de répercussion sur les ventes ? Nous sommes convaincus du contraire !

Il convient d'ajouter que cette marque d'attention finalement attendue par tous a bien souvent créé naturellement une interaction avec les clients qui, bien accueillis, en ont profité pour poser une question et se faire accompagner.

En effet, pour aller plus loin et après l'étape du « bonjour », rien de mieux que de s'intéresser à la personne en créant immédiatement le dialogue et en évitant le banal « que puis-je faire pour vous… »

Selon l'étude annuelle *Accenture Global Consumer Pulse*: 81 % des clients trouvent « frustrant » ou « très frustrant » de traiter avec une entreprise qui ne facilite pas l'interaction, et ce, quel que ce soit le canal. La même étude nous apprend que plus de la moitié des clients quittent leur fournisseur après une mauvaise expérience/interaction. Et que 78 % ne reviennent jamais ! Vous avez sûrement plusieurs exemples en tête.

• Pourquoi 1 image vaut 1 000 mots ?

Il faut être honnête, la plupart de vos concurrents ont pour habitude de se présenter, eux et leur entreprise, dès les premières minutes. Vous aussi peut-être...

Pensez-vous alors que, lorsque votre client vous reçoit, son énergie mentale est à 100 % tournée vers ce que vous lui dites ? Croyez-vous vraiment que vous avez réussi à détourner son attention de toutes ses préoccupations, de toutes ses priorités, pour qu'il puisse traiter votre message ? Pensez-vous qu'il est réellement intéressé par ce que vous lui dites de « votre vie, votre œuvre » ?

La démonstration

Le corps humain envoie au cerveau onze millions de bits d'information par seconde, mais l'esprit conscient ne peut traiter que 50 bits par seconde environ. Avez-vous été assez convaincant dans votre présentation pour que les 50 bits par seconde sélectionnés aient précisément été ce que vous avez dit en introduction à votre client ? Rien n'est moins certain. Voire… il y a peu de chance…

Wolf Singer, neurobiologiste et directeur de recherche sur le cerveau à l'institut Max Planck, nous alerte sur l'importance de faire partie des 50 bits par seconde sélectionnés dès le départ.

Il explique qu'une « attention préliminaire garantit toujours un traitement de l'information rapide et une bonne transmission des résultats. ». En clair, il vous faut capter l'attention de vos interlocuteurs dès le départ afin qu'ils soient en capacité d'entendre votre message par la suite.

Et nous savons que c'est le visuel qui va capter le mieux l'attention selon l'effet Colavita, en référence au chercheur qui a démontré la supériorité et la rapidité du traitement visuel par rapport au traitement auditif lorsque des sujets ont eu à prendre en compte des stimuli bimodaux.

Imaginez que vous vendez des pépites d'or. Le meilleur moyen de capter immédiatement l'attention de vos interlocuteurs serait de mettre sur la table, devant les yeux de votre client, une énorme pépite. Son attention est alors sur vous. Vous avez fait passer un message… percutant.

Richard C. Anderson et James Pichert de l'université de l'Illinois ont démontré que ce dont on se souvient dépend aussi des premières informations que nous avons reçues. Leur expérience avait trait à la lecture d'un article sur une maison résidentielle par plusieurs sujets. Ces derniers devaient le lire du point de vue d'un cambrioleur ou du point de vue d'un acheteur. Les souvenirs qu'ils avaient de l'article étaient différents car ils avaient été passés au filtre des instructions initialement reçues.

L'utilisation concrète au niveau commercial

Vous avez donc besoin d'une (bonne) accroche qui incite votre client à se concentrer et à se souvenir de ce qui est important pour lui.

Nous allons porter notre attention sur un type d'accroche très efficace : l'histoire.

Cette technique joue sur la mémorisation et les émotions de vos interlocuteurs (rappelez-vous le mode de fonctionnement du cerveau humain...).

L'histoire va donner vie à votre proposition de valeur en transformant un ou plusieurs bénéfices pour le client en récit auquel le cerveau primitif de votre auditoire sera tout prêt à croire.

Une histoire doit transporter, et même une histoire se joue, comme au théâtre. Vous devez faire ressentir des émotions à votre interlocuteur et, pour cela, utiliser votre langage corporel et votre timbre de voix. Cette histoire peut être fictive ou celle qu'un client a vécue mais elle doit avant tout contenir suffisamment de détails pour la rendre crédible. Évidemment, vous devez lier l'histoire que vous racontez à l'univers de vos clients.

Prenons l'exemple de ce cabinet d'expertise comptable qui s'adresse à de jeunes entrepreneurs :

> *« Bonjour à tous. Je ne vais pas vous apprendre ce qu'est un expert-comptable vous le savez déjà. Nous sommes les seconds (après votre banquier) que vous sollicitez lorsque vous vous lancez dans l'aventure incroyable qu'est la création d'entreprise. Les jeunes aventuriers que vous êtes, prêts à décrypter la carte de ce long voyage, à découvrir de nouveaux trésors que sont vos futurs clients et à éviter les bourrasques et les tempêtes de l'administration française. Mais quelle excitation à chaque succès rencontré. Vous êtes prêts à fêter chaque victoire, chaque euro gagné, chaque piège évité. Les pièges de la fiscalité, ceux du manque de trésorerie, ceux des frais mal gérés... mais est-ce que tous ces risques doivent remettre en cause tous vos projets ? Surtout pas ! Mon intention est bien de vous aider.*
>
> *Comment ? En vous proposant un accompagnement dans la réflexion et l'approche globale de ce formidable défi. C'est ce que nous faisons chaque jour avec de jeunes entrepreneurs qui vous ressemblent. Commençons par prendre un verre ensemble au buffet et parlez-moi de vos projets... »*

Une histoire ne s'improvise pas. Elle se construit et se répète jusqu'à la vivre avec enthousiasme. Préparez-en des versions différentes pour chacune de vos cibles. Puis, mettez-vous devant un miroir et entraînez-vous.

Pour chacune de vos histoires, trouvez un objet qui vous servira à capter l'attention : un dessin ou même un porte-clefs... l'objectif est bien de marquer les esprits.

• Pourquoi 1 seconde peut vous faire perdre la vente ?

Vous connaissez certainement cette célèbre citation de Gustav White : « Vous n'aurez jamais une seconde chance de faire une première bonne impression. »

Un peu cliché mais tellement vrai. Sans vous en rendre compte vous l'expérimentez vous-même au quotidien face à une marque, à une personne, à un produit... c'est instinctif et incontrôlable.

Et vous en faites les frais à chacun de vos entretiens avec un client potentiel que vous rencontrez pour la première fois. En quelques secondes votre prospect « sait » s'il peut vous faire confiance, si vous lui êtes sympathique et si, surtout, vous allez pouvoir l'aider. Si ce n'est pas le cas, il vous considérera comme un énième vendeur qui désire seulement gagner de l'argent sur son dos. Et dans ce cas, rien ne servira d'essayer de lui faire changer d'avis.

La démonstration

En 2006, une étude du professeur Todorov de l'Université de Princeton révèle qu'il faut une seconde pour porter un jugement sur une personne en fonction de son apparence faciale et de critères d'attractivité, de sympathie, de fiabilité, de compétences. Les jugements fondés sur un laps de temps d'observation plus long n'ont pas donné de résultats significativement différents !

Pourquoi un tel phénomène ? Parce que le cerveau est traversé en permanence par des biais cognitifs propres à chacun et qui, inconsciemment, poussent l'individu à se faire une opinion rapide sur son environnement. Or, dans le cas qui nous intéresse ici, l'environnement c'est vous !

Cette première impression subsiste longtemps et se fonde donc à la fois sur votre apparence physique et sur ce que vous dégagez.

Dans les années 70, des chercheurs de l'Université de Toronto ont étudié dans quelle mesure l'apparence physique de quelqu'un pouvait avoir une influence sur les juges d'un procès. Ils ont donc soumis à certains groupes un compte rendu détaillé des faits reprochés à l'accusé accompagné d'une photo d'une personne au physique avantageux et le même compte-rendu à d'autres groupes mais cette fois-ci avec la photo d'une personne moins attirante. La conclusion est sans appel, la « note de culpabilité » attribuée au physique avantageux était bien inférieure à celle donnée à l'autre personne, alors que les faits reprochés étaient identiques. Même chose pour la sévérité de la peine attribuée qui a été moindre pour l'accusé au physique avantageux.

Cette « note de gueule » est un phénomène bien connu que l'on appelle l'effet de halo.

Ce biais cognitif qu'on appelle aussi effet de contamination apparaît dès que notre cerveau construit une interprétation, positive ou négative, à partir d'une perception (très) sélective d'informations liées à la première impression. En bref, à partir d'une seule caractéristique d'une personne, nous avons tendance à juger ses autres caractéristiques positivement ou négativement.

Et comme notre cerveau déteste avoir tort, il va chercher durant tout l'entretien à confirmer son hypothèse de départ.

On parle beaucoup de cette capacité à favoriser la première impression dans nos souvenirs (effet de primauté) mais beaucoup moins de notre faculté à également se souvenir des derniers éléments perçus (effet de récence).

Ce qui signifie que l'introduction de votre message et sa conclusion représentent, à elles deux, une chance extraordinaire d'amplifier son efficacité.

L'utilisation concrète au niveau commercial

Si vous faites visiter une maison, vous avez tout intérêt à commencer par la plus belle pièce en premier et par la terrasse avec vue en dernier, ce qui atténuera forcément le mauvais jugement sur les quelques inconvénients rencontrés en milieu de visite.

Mais si l'on considère non plus le produit mais le vendeur, quels comportements adopter pour favoriser des impressions positives ?

Toute la réussite de cette première impression va tenir dans la maîtrise que vous avez de votre communication. Cette dernière s'articule autour de votre langage non verbal, de votre para verbal et des mots que vous choisissez de prononcer.

D'autre part, nous apprécions généralement davantage les personnes qui partagent notre manière d'être.

La synchronisation, technique de PNL, a prouvé que l'on s'accorde mieux et plus vite avec les personnes qui nous ressemblent. Il ne s'agit pas de singer votre interlocuteur, ni de le manipuler mais simplement d'être empathique, de trouver des points communs et de gommer les différences afin de faciliter l'interaction.

Il vous faut, pour cela, apprendre à observer rapidement vos interlocuteurs. En une minute, dressez son portrait-robot en quatre points :

- Comment il ou elle se comporte : calme, dynamique, exubérant… ?
- Comment il ou elle parle : débit, volume, intonation ?
- Quelle est son humeur : blasé, heureux, apathique, etc. ?
- Quel est son mode de communication : faits, émotions, futilité, précision ?

Une fois ce portrait établi, tâchez de vous synchroniser dans les grandes lignes avec les traits caractéristiques de votre interlocuteur.

Entraînez-vous d'abord avec vos proches, vos amis, vos collègues. Une fois le mécanisme en place, vous serez plus à l'aise pour vous synchroniser dès les premières secondes d'une rencontre.

Comment rater la découverte de son client/prospect ?

• Pourquoi les vendeurs les plus performants posent le moins de questions possibles ?

La plupart des commerciaux que nous accompagnons nous explique qu'ils connaissent l'importance de poser des questions, notamment des questions ouvertes. Ils nous affirment également qu'ils identifient puis qualifient le problème de leur client avant de proposer une solution.

Cela a l'air idéal, n'est-ce pas ?

Malheureusement, ces commerciaux ne font pas encore partie de la catégorie des excellents vendeurs.

Pour vous le prouver, il nous semble essentiel de vous rappeler brièvement les deux règles essentielles du cerveau humain :

- Notre cerveau primitif (le système 1 ou cerveau reptilien) a pour rôle d'assurer notre survie. Tant qu'il n'est pas certain de l'absence de danger, il reste méfiant.

- Ce même cerveau, qui est celui qui nous permet de passer à l'action, a besoin d'un stimulus émotionnel pour se décider.

Alors, pour inspirer confiance, rassurer puis réellement soulager votre client de son problème, il faut aller bien plus loin que le mitrailler de questions (ouvertes ou fermées), se contenter des réponses et présenter une solution.

Les commerciaux d'excellence ont à cœur de régler LE problème, la douleur du client, car si ce dernier poursuit dans cette voie, la situation va continuer à se détériorer. Autrement dit, vous devez écouter et montrer un réel intérêt à régler le problème ou la douleur. Pour arriver à cela, il vous faut poser des questions de qualité, ni trop peu ni pas assez.

La démonstration

La société GONG a développé un outil d'Intelligence Artificielle qui analyse les conversations commerciales. Elle a analysé 500 000 entretiens de vente en Business to Business afin de déterminer les clés de succès des top performers. L'objectif était de comprendre quels mots ou quels moments clés ont pu avoir une influence positive sur la conclusion de la vente.

Nous retenons deux points majeurs de cette étude :

- Les commerciaux posent, en moyenne, 10 à 15 questions avant de se lancer dans la démonstration de leur solution.
- Les commerciaux les plus performants posent rarement plus d'une ou deux questions par minute, tandis que les commerciaux « les moins performants » peuvent en poser trois à cinq fois plus. Cela peut alors se manifester sous forme de questions « empilées », en posant deux ou trois questions en succession rapide avant de donner à l'interlocuteur une chance de répondre. À d'autres moments, il peut s'agir d'une série de questions courtes et fermées qui pourraient ressembler davantage à un interrogatoire.

Vous avez sûrement saisi la conclusion de cette étude… Eh oui, elle révèle ce que vous saviez déjà : les meilleurs vendeurs sont ceux qui savent écouter !

En effet, l'outil d'IA de GONG met en lumière que les commerciaux très performants ne sélectionnent que quelques questions à poser, écoutent activement et laissent les réponses guider leur décision de renseigner davantage ou non les clients. L'outil identifie également les types de questions qui conduisent à un fort engagement des prospects dans le cycle de vente. Sans surprise, de simples questions de suivi comme « Pouvez-vous m'en dire plus/préciser votre pensée… ? » permettent d'amener l'interlocuteur à réfléchir. Elles demandent au prospect de poser un regard différent sur une situation, d'en envisager tous les aspects possibles.

L'utilisation concrète au niveau commercial

Vous l'avez compris : inutile de poser trop de questions, il suffit de poser les bonnes. Celles qui vous permettent de vous différencier, d'en savoir plus et d'inciter votre prospect à explorer des pistes qui ne l'ont pas été jusqu'à présent.

Évidemment, il faut oser creuser et, surtout, savoir rebondir sur ce qui vous est dit.

Mais revenons sur cette notion de « bonnes » questions. Votre répertoire doit, *a minima*, contenir les questions qui vont vous permettre de creuser et, donc, d'obliger votre prospect à se livrer : *« Qu'en pensez-vous ? », « C'est-à-dire ? », « Pouvez-vous m'en dire plus sur ... ? »...*

Mais creuser quoi, nous direz-vous ?

Et c'est là qu'est toute la différence entre les commerciaux les moins performants et ceux qui excellent.

Les moins performants vont commencer en demandant « Quels sont vos besoins ? », ce qui leur permet ensuite de passer en mode argumentation alors que la réponse à cette question n'apporte aucune information sur les problèmes auxquels le prospect est confronté.

Pour faire partie des commerciaux d'excellence, il va vous falloir rechercher ce que sont ces problèmes, quels en sont les enjeux, les conséquences actuelles sur la situation du prospect, leurs coûts et les solutions éventuellement déjà mises en œuvre.

Il vous faudra résister à l'envie, ou la demande de votre prospect, de présenter votre solution avant d'avoir complètement identifié « le caillou dans la chaussure ».

Là, vous serez différenciant.

• Pourquoi la question interro négative est une bonne question ?

Tous les bons livres sur les techniques de vente vous expliquent qu'il ne faut JAMAIS poser de questions interro négative. Nous pensons que justement aujourd'hui, il serait dommage de s'en priver.

La démonstration

Lorsque l'on interroge quelqu'un, cela peut aller dans les deux sens. Soit vers une confirmation positive, soit vers une confirmation négative. L'orientation que suggère l'interrogation est alors confirmée par des adverbes, expressions ou phrases du type « oui effectivement, c'est exactement cela, vous avez raison » ou, à l'inverse « au contraire, c'est faux, je ne suis pas d'accord... ». Tout dépend de la formulation de la question !

Andrée Borillo[1] a mis en relief que les questions interro négatives appelaient une confirmation positive la plupart du temps, ayant ainsi valeur d'assertion, en

1. Borillo, Andrée : « La négation et l'orientation de la demande de confirmation », *Langue française*, n°44, 1979.

l'occurrence positive. Il est établi dans son étude que les questions interro négatives appellent de manière naturelle des réponses de type confirmatif et ce, sans aucune hésitation.

L'utilisation concrète au niveau commercial

À l'heure où nous devons tous accrocher plus rapidement, au téléphone ou en face à face, tenter d'up seller ou de cross-seller, l'interro négative est un formidable levier pour avoir immédiatement l'avis du client.

Les vendeurs d'une mutuelle que nous avons accompagnés avaient pour mission de proposer par téléphone une mutuelle hospitalisation à des clients et prospects. Ces collaborateurs avaient des difficultés à accrocher des clients sur le sujet et se heurtaient à de nombreuses objections. Nous avons imaginé et élaboré un certain nombre d'accroches pour engager la conversation sur le thème de l'hospitalisation. Charge alors à nos vendeurs de les tester.

Parmi ces accroches l'une s'est révélée très efficace: « *Cela ne vous intéresserait pas d'être mieux remboursé pour vos soins hospitaliers ?* ». Evidemment, la plupart des clients répondirent « ben si... » se mettant dans une posture d'écoute, et donc en position de demander. Evidemment, 100 % des clients ne prirent pas cette solution, mais elle permit de désacraliser l'acte de vente et contribua à augmenter les ventes rapidement de 8 %.

• Pourquoi les ventes augmentent grâce à la reformulation

Évidemment tous les commerciaux ont entendu au moins une fois dans leur vie (surtout s'ils ont suivi une formation en vente) que la reformulation était essentielle pour s'assurer, entre autres, de la bonne compréhension des dires du client.

La reformulation est, en réalité, bien plus efficace que cela.

La démonstration

Lorsque nous nous exprimons, nos mots sont le reflet des émotions qui nous traversent à cet instant précis. Des émotions de plus ou moins forte intensité qui sont puisées dans notre expérience de vie, notre vision du monde.

Cela signifie que si vous ne reprenez pas les mots de votre client alors vous niez ce qu'il vit. Vous ne le reconnaissez pas en tant qu'être unique.

Daniel Pink[1] cite une étude néerlandaise qui montre que la synchronisation est un formidable effet de levier dans les relations humaines : les serveuses qui répètent

1. *Convainquez qui vous voudrez : L'étonnante vérité sur notre capacité d'influence*, Flammarion, 2016.

mot à mot les commandes des clients obtiennent 70 % de pourboire de plus que celles qui paraphrasent.

Dans une autre étude réalisée pour le secteur du retail en France, il a été demandé à la moitié des vendeurs d'imiter la posture non verbale des clients tout en reprenant les mêmes expressions. L'autre moitié des vendeurs utilisant des techniques au hasard, fondées sur leur talent propre. Au final, les imitateurs ont conclu une vente dans 79 % des cas contre 62 % pour les vendeurs se basant sur une inspiration personnelle.

L'utilisation concrète au niveau commercial

Évidemment, il ne s'agit pas de tomber dans le ridicule en singeant vos clients, dans leurs mots et dans leur posture. La reformulation demande une certaine dose d'empathie et de naturel.

Vous allez devoir partager l'intensité émotionnelle pour entrer dans la vision du monde de votre client. C'est seulement de cette manière qu'il sera attentif à ce que vous lui direz. Car, rappelez-vous : plus une personne se sent considérée moins elle sera sur la défensive.

Admettons que nous soyons en entretien commercial avec un client à qui nous souhaitons vendre une formation à distance sur la prospection téléphonique. Ce dernier, après nous avoir entendus, nous répond : « *la formation à distance je n'y crois pas. Les participants sont chez eux, à la cool, et je ne vois pas comment vous pouvez les rendre attentifs et les faire participer.* »

Que pensez-vous de cette réponse : « *Soyez tranquille, nous avons l'habitude et cela se passe toujours bien.* »

Sommes-nous empathiques ? Entrons-nous dans la vision du monde de notre client ? Notre Client se sent-il entendu et compris ? Absolument pas, évidemment.

Nous cherchons à le rassurer en niant ses doutes. En faisant cela, nous le mettons en résistance et détruisons sa confiance (si tant est qu'elle avait été instaurée ...).

Maintenant, adoptons une reformulation empathique : « *Vous avez raison, les participants sont plus à la cool chez eux qu'en salle de formation. Vous doutez que nous puissions les rendre aussi attentifs et participatifs qu'en présentiel, c'est bien ça ?* »

Une autre reformulation est possible : « *Si je comprends bien, vos principaux doutes portent sur le fait que nous arrivions à les rendre attentifs et aussi participatifs qu'en présentiel, c'est cela ?* »

Par cette reformulation, vous rentrez dans les croyances de l'autre et vous renforcez donc sa confiance. Avant d'argumenter, vous pourriez tenter l'interro négative dont nous avons parlée précédemment : « *Cela ne vous ennuierait pas que je vous raconte l'histoire de notre client qui pensait la même chose que vous et qui a finalement réussi à nous convaincre de l'inverse ?* »

Vous avez désormais un terrain beaucoup plus favorable pour présenter vos solutions.

2•

Comment rater sa vente ?

• Pourquoi deux choix valent mieux qu'un ?

Si votre produit ou service a un concurrent, la psychologie sociale est les études suivantes vont vous être d'une utilité stupéfiante. Ces dernières sont autant de preuves que la décision, donc la vente, peut se jouer en 1 minute. Pour le comprendre, voyons ce qu'est l'irrationalité prévisible.

La démonstration

Dan Ariely, chercheur au MIT[1], nous en fait la démonstration. Le journal *The Economist* a testé trois approches pour vendre ses abonnements en proposant trois offres de prix :

- Solution n° 1 : 59 $ pour un accès internet au site web TheEconomist.com

1. Dan Ariely : *C'est (vraiment ?) moi qui décide. Les raisons cachées de nos choix*, Flammarion, 2016.

- Solution n° 2: 125$ pour la version imprimée du journal
- Solution n° 3: 125$ pour la version web et la version imprimée

Quand on demande à un panel d'étudiants de choisir une version de l'abonnement, 84% prennent la solution n° 1 et 16% la solution n° 3. Vous allez vous dire qu'il est parfaitement logique que la solution n° 2 ne reçoive pas de vote.

Partant du principe que le journal souhaitait développer la 2e solution, une autre expérience fut menée sans la solution n° 2 initiale, à savoir une offre à 125$ pour la version imprimée du journal.

L'annonce proposait donc:

- Solution n° 1: 59$ pour un accès internet au site web TheEconomist.com
- Solution n° 2: 125$ pour la version web et la version imprimée

Dans ce cas, 68% personnes prirent la solution n° 1 et 32% la solution n° 2.

En retirant un axe de comparaison, on doublait l'offre la plus chère et surtout la plus fidélisante au journal.

L'utilisation concrète au niveau commercial

La mécanique présentée s'appuie sur l'effet de contraste. Si vous avez dans votre gamme trois offres, dont une que vous voulez porter plus fortement chez vos clients, vous devez imaginer la même présentation que les propositions d'abonnement à *The Economist.*

Par exemple :

- Solution 1 : 99 € pour une convention bancaire traditionnelle
- Solution 2 : 199 € pour de la gestion privée
- Solution 3 : 199 € pour une convention traditionnelle + de la gestion privée

Ou

- Solution 1 : 99 € pour une convention bancaire traditionnelle
- Solution 2 : 199 € pour une convention traditionnelle + de la gestion privée

Ces approches sont, bien évidemment, valables à l'écrit, dans une présentation ou à l'oral. Vous pouvez même écrire devant le client vos différents choix.

• Pourquoi obtenir un « oui » après un « non »

Savez-vous pourquoi la plupart des gens n'aime pas s'entendre dire non ?

Parce que ce « non » peut activer en nous un sentiment de rejet, uniquement guidé par les émotions qu'il procure.

Notre soif de reconnaissance n'est alors plus nourrie et nous nous retrouvons dans un tourbillon d'émotions qui nous incite à penser que nous n'avons pas (assez) de valeur pour recevoir un « oui ». De ce fait, la majorité du temps, nous n'insistons pas.

Et pourtant, il est parfaitement possible d'obtenir un « oui » après un « non », à condition de conserver une posture ouverte et souriante et, bien sûr, d'oser insister.

La démonstration

En effet, des chercheurs ont découvert qu'il était très délicat de dire « non » deux fois de suite. Cela ne veut pas dire que nous ne pouvons dire « non » deux fois de suite dans 100 % des cas. Cela signifie que préparer ses rebonds commerciaux, en lien avec les attentes clients, peut s'avérer redoutable.

Dans une chaîne de restaurants, on a mesuré deux phases de la vente en fin de repas :

1. Le serveur propose un dessert à ses clients. Entendant un NON il part puis revient 3 minutes plus tard pour proposer un café.
2. Le serveur propose un dessert à ses clients. Entendant un NON il propose immédiatement le café.

Enchaîner la proposition de café dans la foulée a accru de 17 % la performance en vente.

Dans la première situation, 26 % des femmes et 28 % des hommes prennent un café. Dans la deuxième situation, c'est 43 % des femmes et 55 % des hommes qui prennent un café. Il n'y a aucun écart de performance entre les hommes et les femmes : l'efficacité est la même : + 17 % de taux de transformations.

Évidemment vous imaginez bien que le serveur adopte un sourire franc et un ton empathique.

L'utilisation concrète au niveau commercial

Il y a plusieurs utilisations concrètes au niveau commercial. Nous allons en illustrer trois.

La première concerne la demande de recommandation. Sachez que des études ont montré que les clients sont quatre fois plus enclins à acheter un produit ou un service s'il est recommandé par un ami. Ce levier de prospection est extrêmement efficace, à condition d'oser. Pour gagner en performance, votre objectif doit être de demander trois recommandations à chacun de vos clients ou prospects qualifiés. Votre client vous dit non ? Rebondissez immédiatement avec une demande « plus simple » : une seule et unique recommandation ou quelqu'un de son entourage qui pourrait avoir besoin de vos services.

Vous pouvez également utiliser cette technique lorsque vous cherchez à obtenir un rendez-vous avec un nouveau client. Vous avez réussi à passer le fameux barrage de l'assistante et le décideur est en ligne.

Il vous écoute car votre accroche a suscité son intérêt. Mais, lorsque vous lui proposez un rendez-vous, il refuse faute de temps ou parce que ce n'est pas le bon moment. Selon votre activité, rebondissez avec une demande moins exigeante : sa participation à un webinaire sur le sujet dans les jours à venir, un test à faire sur la performance de son organisation, une rencontre sur le prochain salon professionnel, etc.

Le dernier exemple porte sur votre capacité à ajuster des quantités. Vous avez convaincu votre client de l'intérêt de votre produit ou de votre service. Il est prêt à signer, la discussion porte maintenant sur les quantités ou sur la durée d'engagement si c'est un service. Votre proposition est alors catégoriquement refusée : c'est trop de volume ou une durée trop importante. Soyez prêt alors à proposer une quantité inférieure ou une durée d'engagement plus courte. Cette technique s'additionne alors avec l'effet de contraste.

• « Pourquoi le premier chiffre annoncé fait autorité dans la vente ? »

Après avoir analysé les résultats de plusieurs recherches sur la négociation, Leigh Thompson de la Kellogg School of Management a conclu que la première offre d'une négociation influençait à 85 % l'offre finale.

De quoi parle-t-on ? Il s'agit ici du fameux biais d'ancrage qui apporte une aide significative au vendeur dans le cadre d'une négociation.

La preuve par l'exemple de cette technique d'influence ?

La démonstration

Les psychologues Daniel Kahneman (Prix Nobel 2002) et Amos Tversky convièrent des juges allemands à participer à une expérience.

Dans un premier temps, les juges devaient lire la description d'une femme qui avait été arrêtée pour vol à l'étalage. Après l'avoir lue, chaque juge devait lancer un dé à 10 faces. Ce qu'ils ne savaient pas, c'est que le dé était pipé, et qu'il ne pouvait s'arrêter que sur les chiffres 3 et 9.

Dès que le dé s'arrêtait, les juges devaient répondre à la question suivante: «*Pensez-vous condamner cette femme à plus ou moins de mois de prison que le chiffre donné par le dé ?*» Et quand le juge répondait à cette première question, on lui demandait: «*À combien de mois précisément l'auriez-vous condamnée ?*»

Les résultats furent sidérants:

- Les juges dont le dé s'était arrêté sur le chiffre 3 disaient qu'ils l'auraient condamnée en moyenne à 5 mois de prison.
- Ceux dont le dé s'était arrêté sur le chiffre qui 9 disaient qu'ils l'auraient condamnée à 8 mois.

Résultats troublants, surtout pour des juges qui avaient en moyenne plus de 15 ans d'expérience.

L'utilisation concrète au niveau commercial

Vous aurez sans doute déduit à travers cette expérience qu'il vous est très profitable de fixer vous-même la valeur d'ancrage dans une relation commerciale, c'est-à-dire donner votre prix de vente en premier, et si possible avec la marge la plus confortable possible...

Vous avez donc tout intérêt à être le premier à dégainer et faire de votre prix la valeur de référence ! Mieux vaut influencer que subir.

Il convient également de rappeler qu'avant même l'affichage de votre tarif, votre interlocuteur se fera une idée plus ou moins précise du prix en fonction de ses propres repères. Lesquels dépendent de nombreux facteurs, par exemple : caractère habituel ou non de la consultation, présence de propositions concurrentes, contraintes budgétaires.

Si votre client vous dit en premier qu'il dispose d'un budget de 20 000 euros, l'ancrage se fera à votre niveau et non au sien surtout si vous décidez de réagir en contestant ce budget. En énonçant une possible contrainte budgétaire, il vous influencera et vous imposera le centre de gravité de la discussion.

Que faire si ce n'est pas le cas ? Car, oui, rien n'empêche votre client de vous dire très tôt « *vous savez pour cette opération je n'ai qu'un budget de tant..* ». Quelle parade adopter ? Faut-il réagir, contester ? Il ne vaut mieux pas ! En effet, si vous réagissez cela montre que vous avez mordu à l'hameçon et que l'ancrage est fait… de votre côté !

Évacuez plutôt calmement le sujet en déplaçant le débat sur les enjeux et les intérêts de deux parties. En procédant ainsi vous recentrez l'échange sur votre proposition de valeur que vous vous appliquerez à tarifer avec assurance, sans faire aucune référence au budget évoqué. Si le client est tenace sur sa proposition initiale ? Alors résistez et argumentez, quel que soit le prix final. Il en va de votre crédibilité et de votre capacité à justifier votre prix initial. Il sera toujours possible, dans un deuxième temps, de le baisser… si votre marge le permet.

• Pourquoi il faut annoncer le prix le plus haut possible dans la vente ?

Le biais d'ancrage, parfois aussi appelé biais du point de départ, montre qu'en se focalisant sur une première information, notre esprit a plus de difficultés à envisager d'autres choix. Ainsi, lorsque nous sommes dans l'incertitude, cette première information devient notre repère, celui qui nous permet de calibrer notre raisonnement.

La démonstration

L'association *Océan du Pacifique*, en peine de contributions financières, a parfaitement su exploiter ce biais.

En vue de sauver 50 000 oiseaux de mer, l'association s'est mise à la recherche de généreux donateurs en leur exprimant ainsi sa demande : « *Combien seriez-vous prêt à nous donner pour sauver 50 000 oiseaux de mer ?* ». Le montant moyen des dons a alors été de 64 euros.

L'association a, par la suite, essayé une autre formulation et s'adressait ainsi aux donateurs potentiels « *Seriez-vous prêt à donner au moins 5 euros pour sauver ces oiseaux de mer ?* ». Le montant moyen des dons est alors tombé à 20 euros, soit une perte de 44 euros en moyenne par don par rapport à la première proposition !

Les membres d'*Océan du Pacifique* ont alors modifié leur demande et se sont adressés ainsi à leurs futurs donateurs « *Seriez-vous prêts à donner 400 euros pour sauver ces oiseaux de mer ?* ». Le montant moyen des dons est passé à 143 euros, soit +123 % par rapport à la première demande !

L'association *Océan du Pacifique* a alors compris qu'il était nécessaire d'ancrer un montant conséquent dans l'esprit des donateurs afin qu'il devienne leur étalon, leur point de référence. Difficile pour eux de ne donner que 20 euros si, en moyenne, les donateurs sont bien plus généreux. Quelle image l'association aurait alors d'eux ?

L'utilisation concrète au niveau commercial

Vous l'avez compris, notre cerveau est influencé par le 1er chiffre avancé. Une fois votre ancre posée, l'acheteur aura beaucoup de difficulté à s'en détacher. Il va certes comparer, évaluer et ajuster mais il le fera autour du prix que vous avez ancré dans son cerveau. Il donnera donc à la négociation une orientation qui restera conditionnée par le prix que vous avez ancré.

Ce qui signifie que vous devez absolument être le premier à poser l'ancre, sous peine de tomber vous-même dans ce piège. Néanmoins, une condition est requise : présenter et/ou rappeler la valeur de votre offre avant d'annoncer un prix.

Notre premier conseil est donc, évidemment, d'annoncer systématiquement le prix le plus haut (et en lien avec la valeur créée).

Prenons un exemple avec un prospect. Votre objectif est de lui présenter votre proposition et vous vous doutez qu'il va chercher à négocier le prix. L'avantage est que vous avez déjà recueilli beaucoup d'informations lors du premier entretien. Cela vous a permis de comprendre les limites de votre futur acheteur. Vous rappelez donc en quoi votre offre résout son problème actuel puis, vous annoncez le prix qui se trouve dans le plus haut de votre fourchette. Si votre objectif est de lui vendre l'unité à 17 euros et que votre meilleure alternative est à 19, alors fixez votre ancre à 19 euros.

Évidemment, cette technique fonctionne également sur les quantités, les délais de paiement… à chaque fois ancrez le montant le plus haut dans l'esprit de votre client.

• Pourquoi insister sur l'unicité de votre interlocuteur ?

Nous ne résistons pas à l'envie de vous citer Aristote qui nous rappelle que « *l'Homme est un animal social* ». En substance, ce cher Aristote nous expliquait tout simplement que nous ne pouvons vivre (voire survivre) qu'entourés de nos congénères. Remontons plus loin encore dans notre histoire : l'Homme ne doit sa survie qu'à la « meute ». Être seul signifiait mourir.

Vous vous demandez sûrement où nous voulons en venir ?

C'est très simple. L'Homme a, depuis toujours, eu besoin des autres pour survivre et rien n'a changé aujourd'hui. L'animal social que nous sommes a un besoin fondamental de reconnaissance : être reconnu, être apprécié, voire considéré comme important est essentiel pour nous.

Vous imaginez bien alors que si vous abordez votre client en lui expliquant la vie et l'œuvre de votre société vous avez peu de chance de l'intéresser. Car où est la reconnaissance de sa spécificité, de sa vie et de son œuvre à lui ? Si vous lui offrez ce que vous offrez à tous, va-t-il se sentir unique ?

La démonstration

Un Centre de Relation de Vente à Distance américain s'est trouvé confronté au problème suivant : continuer à vendre sa viande de bœuf sur un marché de plus en plus tendu. Son taux de transformation des ventes diminuait fortement et il fallait agir. Il a donc décidé de modifier le discours des commerciaux. Jusqu'à lors, ce dernier était le suivant : « *Cher client, je vous propose d'acheter de la viande de bœuf parce que* (principe d'influence de pseudo-logique) *les importations redescendent donc le prix va augmenter.* »

Transparence fort appréciable mais malheureusement non suffisante. Les commerciaux ont donc adopté une nouvelle technique : « *Entre nous, l'importation va baisser et vous êtes quasi le seul à qui je vais le dire.* »

Les résultats ? +600 % de vente.

L'utilisation concrète au niveau commercial

Rappelez-vous le secret de la réussite : votre client est au centre de toutes vos préoccupations et vous devez le lui faire savoir. Il est unique pour vous au moment où vous le contactez.

Admettons que vous lanciez un nouveau produit et que vous souhaitiez le proposer à un client... unique.

Quoi de plus efficace que de lui dire qu'il a été sélectionné comme le client le plus représentatif pour tester ce produit ?

Par exemple : «*Monsieur le client, je vous ai sélectionné (ou vous êtes mon client le plus représentatif du marché...) pour tester en primeur un nouveau produit/service qui va vous permettre de...* »

Beaucoup d'entreprises lancent régulièrement des offres commerciales attractives pour leurs clients. Pourquoi alors ne pas surfer sur cette fantastique opportunité de laisser entendre à votre client qu'il est réellement unique ?

Par exemple : «*Je vous appelle, Monsieur le client, parce que vous avez été sélectionné pour profiter d'une offre spéciale.* »

L'essentiel dans ce type d'approches, est de bien choisir ses mots afin de toujours laisser entendre au client qu'il est spécial. Attention, défiez-vous de la mauvaise agressivité commerciale qui, en ciblant tout le monde, révèle que cette technique est un peu trop grosse. Elle ne s'adapte parfaitement qu'à des clients que vous connaissez. L'accroche autour de l'unicité, de la sélection, du choix doit être « soft » et présentée avec le ton approprié.

• Pourquoi l'aversion au risque fait vendre ?

La peur fait fuir autant qu'elle attire la curiosité. Si vous vous retrouvez nez à nez sous l'eau avec un requin votre cœur va s'emballer vous serez peut-être saisi d'effroi mais vous serez également fasciné. Même chose en présence d'un accident où la plupart des gens ralentissent sur l'autoroute…

Les marketers ont compris ce phénomène inhérent à la nature humaine depuis longtemps et l'appliquent allègrement dans leurs stratégies de vente.

La démonstration

Les études des années 90 menées sur l'influence de la peur dans la prise de décision, et donc la consommation, sont aujourd'hui renforcées et confirmées par la mesure des réactions du cerveau aux différents stimuli anxiogènes. Les Américains ont même donné un nom à ce phénomène, le FUD (pour *Fear, Uncertainty, and Doubt*: peur, incertitude et doute) pour désigner les sommes colossales dépensées en publicité pour semer l'inconfort chez le consommateur, créer des angoisses et ainsi conditionner ses décisions d'achat.

La peur fait vendre… Alors oui vous vous dites peut-être que tout cela est détestable mais à partir du moment où vous avez allumé votre télévision, visionné vos pages Web ou autre fil d'actu, vous avez été vraisemblablement exposé au ressort de la peur et il devient ensuite difficile de dire que ce n'est pas efficace et que cela n'a pas d'emprise sur vous, presque malgré vous.

D'autant plus quand la peur devient un phénomène collectif et qu'à l'angoisse s'additionne l'effet de conformité sociale. Preuve en est, le vidage systématique des rayons de produits de première nécessité à la moindre alerte, qu'elle soit sanitaire, météorologique ou autre.

Cela dit, comme une majorité d'entre vous, nous prônons une vente éthique. Il ne s'agit pas de déformer la réalité pour tromper le client. Il s'agit tout simplement de dire des vérités et si ces dernières installent le doute alors tant mieux parce que vous avez peut-être tout ou partie de la solution pour votre client.

À votre avis, qu'a montré cette étude qui offrait gratuitement des tickets de grattage, du type Millionnaire, à des participants à qui nous proposions cinq minutes après de le leur racheter 5 euros ?

Dans 81 % des cas, les participants ne veulent pas revendre leur ticket sans savoir s'il sera gagnant ou pas. La peur de louper quelque chose vous fait prendre des décisions irrationnelles économiquement car la chance de gagner est très faible !

L'utilisation concrète au niveau commercial

Quand la célèbre marque Darty joue depuis des années avec succès sur le « contrat de confiance », elle ne fait rien d'autre que répondre à des angoisses réelles des consommateurs : SAV, disponibilité des produits et du service, livraison... bref, pour calmer ces angoisses l'enseigne a la solution.

Pourtant, un contrat est à l'opposé de la confiance. C'est même un acte de défiance qui prévoit les litiges éventuels. C'est le paradoxe de la confiance : donner sans savoir ce qui peut se passer, c'est une relation asymétrique !

Dans votre univers métier, il ne sera pas si difficile de faire visualiser à votre interlocuteur des contraintes ou inconvénients réels qu'il rencontre dans son quotidien d'acheteur. Que redoute-t-il le plus et pourquoi ? Quelles conséquences pour lui d'un mauvais choix ? Quels sont les impacts sur la marge de son entreprise ou de son quotidien d'une mauvaise décision ? Comment réagit-il dans ce cas ? Quelles solutions met-il en place pour combler ces failles ? Est-ce que ces solutions habituelles ont un résultat ? Et si oui est-il durable ?

Il y a fort à parier qu'en allant sur ce terrain votre interlocuteur vous confie de véritables interrogations et que sa motivation à écouter vos solutions progresse en conséquence. Vos éléments de réponse ne sont donc plus de simples produits mais des possibles solutions à ses problèmes, l'invitant ainsi à agir.

• Pourquoi l'empathie permet tout ?

Vous connaissez l'expression « voir tout en noir » ? Celle-là même que nous utilisons lorsque nous sommes tristes ou en colère. Cette expression exprime ce que nous appelons la congruence d'humeur.

Ce mécanisme rend compte de la tendance des gens à tout voir sous un jour positif lorsqu'ils sont de bonne humeur et, inversement, à interpréter négativement tout ce qui leur arrive lorsqu'ils sont d'humeur maussade.

En effet, nos états émotionnels influencent la manière dont nous pensons et dont nous prenons des décisions.

Vous avez alors compris pourquoi nous affirmons que l'empathie permet tout. Sans entrer dans une définition sans fin de l'empathie, les travaux de Jean Piaget nous permettent de la définir comme la compréhension des émotions d'autrui. Comprendre c'est alors accepter que l'émotion ressentie soit normale pour l'autre. Reconnu pour ce qu'il ressent, notre interlocuteur est alors dans un état d'esprit plus favorable à notre égard.

De là à dire que cela nous permet tout… il n'y a plus qu'un pas que nous franchissons.

• La démonstration

Une étude menée par Shirli de l'Université du Michigan a montré que dans des situations de crispation, la capacité à rester agréable avait un impact sur le comportement d'un acheteur sous tension.

Les chercheurs ont proposé à des cadres dirigeants préparant un MBA le scénario suivant : *Vous organisez une cérémonie de mariage. Vous avez signé un contrat il y a plusieurs semaines pour un montant de 14 000 dollars. Quelques semaines plus tard, vous rencontrez votre interlocuteur qui vous annonce que le prix doit passer à 16 995 dollars compte tenu des fluctuations de marché. Par ailleurs, ce montant est à prendre ou à laisser puisqu'il a sous le coude un autre client prêt à vous remplacer.*

Imaginez la scène. Comment réagissez-vous dans cette situation ?

Les participants furent divisés en trois groupes. La commerciale, une actrice formée pour ce jeu de rôle, donna à chaque fois les mêmes explications tout en modifiant son approche psychologique :

- À un groupe, elle présente des émotions positives se montrant à l'écoute et cordiale.
- À un autre groupe, elle utilise sa puissance de choix en imposant les décisions.
- Elle s'adresse au dernier groupe sur un ton égal et monotone.

Ceux qui ont rencontré la commerciale avec des ondes positives ont été deux fois plus disposés à accepter la proposition que ceux qui ont senti de l'intimidation. Et ce, malgré une augmentation du prix de plus de 20 % !

L'état affectif des individus influence donc à la fois le contenu de leurs pensées mais également la façon dont ils traitent l'information. Les recherches ont ainsi prouvé que plus l'émotion est positive, moins nous éprouvons la nécessité de nous engager dans un traitement attentif de l'information et, donc, dans la résistance à cette dernière.

• L'utilisation concrète au niveau commercial

Projetons-nous dans quelques cas concrets.

Vous avez rendez-vous chez un client pour lui annoncer une hausse de prix sur l'ensemble des produits de votre gamme. Évidemment, vous l'avez compris, il est fort probable que le client soit peu réceptif si vous arrivez sur la pointe des pieds, la tête basse, en lui expliquant que vous n'êtes que le porteur du message de la direction.

Notre premier conseil est donc déjà d'arriver le sourire aux lèvres, plein d'entrain et avec un moral au beau fixe. Ensuite, de sonder l'état d'esprit de votre client par quelques questions clés (bien préparées grâce à vos recherches préalables) sur les opportunités émergentes de son marché. Bref, le faire parler des aspects positifs de son activité. Pour, enfin, rappeler la valeur et les bénéfices de vos solutions pour ses propres clients avant d'annoncer les *nouveaux* tarifs (et non la hausse).

Imaginez-vous cette fois au téléphone avec un client très mécontent. Encore une fois, il est confronté à une livraison partielle et en retard. Il est donc, à juste titre, très remonté. Impossible d'engager avec lui un dialogue constructif tant qu'il est dans cet état. La première étape est donc de reconnaître son émotion de manière empathique : « *Je comprends que cela vous énerve et je serais probablement dans le même état à votre place. Ce n'est pas admissible.* » Et... silence afin de le laisser « vider son sac ». Son émotion étant reconnue, il entre, de ce fait, dans un état d'esprit plus favorable. Vous pourrez alors le questionner pour trouver une solution satisfaisante à ce problème.

Savez-vous qu'en réalité, dès lors que vous argumentez, non pas sur les caractéristiques de votre solution mais sur les bénéfices que va en tirer votre client, vous jouez déjà sur ce concept de congruence d'humeur ? Vous avez bien saisi l'enjeu que cela représente pour votre client et vous exposez en quoi votre solution va résoudre son problème. Son humeur va radicalement changer, ce sera un vrai soulagement pour lui et il ressentira une joie profonde de se voir ôter cette épine du pied. Il sera ainsi moins enclin à vous challenger sur des détails.

• Pourquoi la vision à 10 ans facilite les ventes ?

Lorsque vous prospectez, il est évident que vous envisagez une relation durable avec votre interlocuteur. Le rêve de tout commercial : un client fidèle, en croissance et, dans la mesure du possible, suffisamment satisfait pour éviter les litiges. C'est d'ailleurs de là que vous tirez votre motivation : une relation pérenne que vous visualisez sans même vous en rendre compte.

Mais il n'est pas dit que votre interlocuteur soit aussi motivé que vous et envisage cette relation à si long terme.

Normal, il ne la visualise pas encore.

La démonstration

De nombreuses études, notamment dans le domaine sportif, ont été menées sur le pouvoir de la visualisation. Selon l'institut des neurosciences de l'Université McGill, l'imagerie mentale améliore concrètement les résultats sportifs de 30 %. Un score qui s'élève à 45 % quand on y ajoute les mouvements pendant les répétitions mentales.

Parce que le pouvoir de la visualisation consiste à imprimer dans l'inconscient les scénarios positifs. Lorsque l'on visualise une action, s'activent dans le cerveau les mêmes zones que si l'action était réellement vécue.

Sortons du domaine sportif pour nous intéresser à une expérience menée par Hal Hershfield, professeur de psychologie à l'Université de New-York. Cette expérience avait pour but d'inciter les gens à épargner davantage pour leur retraite sans leur mentionner cet objectif.

À l'aide d'un casque virtuel les participants des deux groupes ont pu visualiser leur avatar (leur représentation numérique) durant une minute puis avoir une conversation avec la représentation numérique d'un chercheur.

La différence entre les deux groupes était la suivante :

- Les participants du premier groupe avaient tous un avatar de leur âge réel au moment de l'expérimentation.
- Les participants du second groupe avaient un avatar qui les représentait à l'âge de 70 ans, grâce au travail d'un logiciel de vieillissement.

Les chercheurs ont ensuite posé à tous les participants la question suivante : « *Imaginez que vous receviez 1 000 dollars sur lesquels vous ne comptiez pas. Comment répartiriez-vous cet argent entre les quatre possibilités suivantes :*

- *Vous achetez un bel objet à une personne aimée ;*
- *Vous investissez dans un fond de retraite ;*
- *Vous organisez une fête ;*

- *Vous déposez l'argent sur votre compte en banque.* »

Les participants qui avaient vu leur image actuelle ont affecté en moyenne 80 dollars au fond de retraite contre 172 dollars pour ceux qui se sont vus à 70 ans.

En se projetant (et se voyant) à l'âge de la retraite, leur motivation à anticiper et prévoir cette situation avait été décuplée.

L'utilisation concrète au niveau commercial

Vous avez compris à la lecture des pages qui précèdent que votre interlocuteur doit être considéré comme unique et qu'il doit rapidement comprendre les bénéfices (gagner ou éviter de perdre) qu'il aura à s'engager avec vous.

Et, justement, ces bénéfices nous avons tendance à les exprimer à court terme puisque notre volonté est évidement que le client achète maintenant. Mais vous savez désormais que l'un des leviers pour l'engager à voir votre future relation comme durable, et donc à le motiver, est la visualisation. Le risque est néanmoins de vous prendre pour Mme Irma et de jouer à la boule de cristal avec votre interlocuteur en spéculant sur ses succès à lui. Il pourrait alors se dire que vous cherchez à tout prix à lui vendre (de force) votre solution et se mettre en résistance. Vous l'aurez alors perdu.

Ecrivons ce possible scénario de la réussite ou de l'échec d'un de vos clients qui, évidemment, lui ressemble.

Vous vendez aux particuliers des appareils électroniques, une enceinte mobile par exemple. Racontez l'histoire de votre client qui avait déjà changé à deux reprises ses enceintes de marques concurrentes. Ces dernières étaient tombées en panne au bout d'un an. Vous lui avez donc vendu la vôtre, une marque robuste et de grande qualité. Il est revenu vous voir trois ans après pour vous acheter un casque en vous confiant que l'enceinte est utilisée tous les jours par ses enfants et qu'à chaque vacance ils la prennent sur le bateau. Il en est pleinement satisfait car il n'a pas eu à en racheter une nouvelle, celle-là est tellement robuste qu'elle les suit partout sans perte d'efficacité.

Bien entendu, vous devez adapter les gains (ou les pertes) potentiels aux enjeux de votre client.

• Pourquoi être obsessionnel sur le choix des mots ?

Dans ses nombreux ouvrages, Robert Cialdini, Docteur en psychologie sociale, a démontré que les prises de décision étaient régulièrement la conséquence d'une comparaison : c'est l'effet de contraste dont nous avons déjà parlé.

La démonstration

Roser Reeves, un publicitaire américain, a aidé un mendiant aveugle à obtenir plus de générosité de la part des passants. Ce dernier avait fait écrire une pancarte « je suis aveugle » qui était posée devant lui au cœur de Central Park à New York. Roser Reeves eut juste l'idée de rajouter quelques mots à cette pancarte « c'est le printemps et je suis aveugle ». Très rapidement, les passants lui ont donné davantage de pièces, certains même s'arrêtant pour discuter avec lui.

L'ajustement de Roser Reeves, en ajoutant la notion de printemps, consistait à utiliser l'effet de contraste, les passants se rendant compte de la réalité qu'ils vivaient par rapport à ce que pouvait ressentir le mendiant aveugle, les rendant alors plus enclins à la générosité.

L'utilisation concrète au niveau commercial

Vous connaissez sûrement le slogan de la célèbre entreprise orange qui s'est faite une jolie place dans le monde de la location automobile, à savoir SIXT. Avec son slogan « *c'est qui le patron* ? » elle utilise une métaphore puissante qui embarque le client dans un univers. On ne loue pas une voiture mais un statut, on se fait plaisir. Cette signature se retrouve aussi en interne dans les standards de qualité de service pour, cette fois, embarquer les collaborateurs et obtenir le meilleur d'eux-mêmes.

Autre exemple : quand une personne est déjà cliente d'un service concurrent du vôtre, comment se distinguer sans dire du mal de l'autre ? Vous le savez c'est fortement déconseillé mais parvient-on pour autant à embarquer le prospect dans son univers et le faire rêver ? Un fournisseur d'accès à internet, box et téléphonie a ainsi souhaité ne pas engager ses vendeurs sur la voie de la comparaison avec la concurrence mais plutôt de concentrer les messages sur le caractère très innovant de ses produits en signant chaque contact d'un « *avec nous vous rentrez dans une nouvelle dimension pour vos usages numériques.* » Le prospect mesurant lui-même mentalement l'écart avec son équipement actuel. La stratégie n'est pas ici forcément de conquérir tout le monde mais de renforcer son impact et son score de recommandation auprès d'une clientèle technophile.

• Pourquoi l'anti vente est une pratique qui fait vendre ?

Le boomerang c'est l'objet qui, s'y on n'y prend garde, vous revient en pleine tête. En politique, en économie ou en psychologie sociale, on parle d'effet boomerang quand une tentative de persuasion finit par avoir l'effet inverse de celui escompté et qu'au contraire il renforce les partis pris ou attitudes premières des individus à qui vous vous adressez. Ils deviennent alors de fervents opposants à votre cause.

La démonstration

Les travaux de Wendlandt et Scharafe sur le comportement des consommateurs ont ainsi démontré le caractère parfois contreproductif des programmes de fidélisation qui placent le consommateur dans un système de contrainte et provoquent des effets de réactance[1] psychologique. Ainsi, proposer à certains consommateurs un programme de fidélité les pousse à identifier cette démarche comme un acte de conformisme et de contre liberté. Il en va de même en communication de santé : montrer les ravages du tabac et de l'alcool a tendance à provoquer chez certains un acte de rébellion les incitant à consommer davantage ou en tout cas à ne pas céder aux « donneurs de leçons ».

L'utilisation concrète au niveau commercial

En matière de relation commerciale, il peut s'avérer peu prudent de vouloir convaincre à tout prix, surtout lorsque les interlocuteurs émettent des objections, des doutes ou autres interrogations. Le sujet devient donc, pour les acteurs du commerce, de faire preuve de retenue et de grande prudence, de placer ces interlocuteurs en situation de réfléchir et d'agir plutôt que de se fier à leurs instincts. Il ne sert à rien de vouloir convaincre car rien n'est plus puissant que les gens qui se persuadent eux-mêmes d'agir...

Un premier réflexe tout simple consisterait à ne pas vouloir opposer en permanence des arguments. Si le client s'exprime et que vous n'êtes pas d'accord ou que

1. « En psychologie sociale, la réactance est un mécanisme de défense psychologique mis en œuvre par un individu qui tente de maintenir sa liberté d'action lorsqu'il la croit ôtée ou menacée. » Source : wikipédia.

vous n'avez pas compris, le mieux est tout simplement de l'interroger, de lui retourner une question. C'est diablement reposant et beaucoup plus pertinent. Vous invitez ainsi votre vis-à-vis à se poser, à réfléchir, à formuler ses idées.

D'une part, il est gratifiant et valorisant d'exprimer son opinion (vous faites preuve de respect et d'intérêt), d'autre part, vous y verrez certainement plus clair. Vous aurez mieux compris le point de vue de l'autre et si vous prenez la parole ensuite ce sera plutôt pour apporter de la valeur et des précisions que pour contrarier votre client.

> « *Quand vous me dites que ce n'est pas pareil, vous pensez à quoi ?... C'est-à-dire ?... Pouvez-vous développer ?... C'est possible, qu'est-ce qui vous gêne exactement ?... À quoi voulez-vous réfléchir ? ... etc.* »

Pour contrer l'effet boomerang, une autre approche, plus complémentaire que contradictoire, consiste à pratiquer le « Nudge Marketing » ou marketing incitatif. Cette discipline, plutôt émergente, consiste à influencer le comportement du client sans chercher à le contraindre (*nudge* signifiant « encouragement », « petit coup de coude » en anglais). À la fois amusante et efficace, cette technique permet de contourner les phénomènes de rébellion ou de réactance que nous avons déjà évoqués.

Par exemple, les études menées par une grande chaîne d'hôtellerie avec le chercheur en psychologie sociale Robert Cialdini ont prouvé qu'il est inefficace de demander aux clients d'utiliser plusieurs fois leurs serviettes de toilette comme à la maison (je suis à l'hôtel, je fais ce que je veux ! C'est l'effet boomerang). En revanche, en incitant sans contraindre en précisant que « 75 % des clients de cet hôtel réutilisent leur serviettes et font un geste pour la planète », cette chaîne hôtelière a constaté une diminution du renouvellement de serviettes de 40 % !

Autre approche pour contrer l'effet boomerang : l'utiliser en poussant à l'anti vente. Certaines expériences prouvent que malgré un certain risque c'est tout à fait possible. Le célèbre fabricant de soupe américain Campbell en a fait le constat à l'occasion d'une opération commerciale. Il a délibérément construit de la fidélité en expliquant qu'il ne pourrait pas délivrer tout ce que voulaient les consommateurs. Nous sommes vraiment dans une logique inversée en appuyant sur l'effet rareté.

La preuve ? Les clients d'un supermarché de Sioux city dans l'Iowa pouvaient parfois voir dans le rayon un panneau au-dessus des soupes Campbell annonçant : « achat limité à douze boîtes / personne », et certains jours, on retirait les panneaux et il n'y avait donc plus aucune restriction d'achat. Quand Campbell limitait les achats à douze boîtes / personne, les clients achetaient en moyenne sept boîtes. Quand il n'y avait pas de limite d'achat en nombre, les clients en achetaient en moyenne quatorze boîtes. Concrètement, les consommateurs frustrés par la limitation ponctuelle s'empressaient d'acheter plus de boîtes de soupes quand les limites étaient levées.

• Pourquoi devez-vous montrer que l'urgence est mauvaise conseillère à un acheteur

Nous subissons tous, et de plus en plus, cette injonction d'urgence propre au 21e siècle. Il faut faire vite et bien, donc être performant rapidement.

Antonio Damasio, professeur de neurologie, neurosciences et psychologie, nous a prouvé que si la logique et la raison seules sont incapables de prendre des décisions, ce sont alors nos émotions qui dictent notre conduite. Et l'expérience montre que ces « décisions émotionnelles » ne sont pas toujours bonnes. C'est pourquoi, pour décider de façon fiable, il est primordial de gérer intelligemment le temps de prise de décision.

La démonstration

Une expérience a été menée sur l'impact du manque de temps dans la prise de décision. On a demandé aux participants de choisir entre deux marques d'appareil photo. Chacune des deux marques fondaient leur argumentaire sur 12 caractéristiques techniques.

La première marque avait les trois avantages suivants : la qualité de l'objectif, la simplicité du mécanisme et la définition de l'image. La seconde marque avait, quant à elle, huit avantages portant sur des accessoires comme la bandoulière par exemple.

Afin de mesurer le poids du temps dans la prise de décision, les participants ont été confrontés à une restriction de ce dernier pour opérer leur choix :

- Lorsqu'il leur a été donné 24 secondes pour évaluer les 12 caractéristiques (soit deux secondes par caractéristique), 17 % ont opté pour la 1re marque de qualité supérieure.
- Lorsqu'il leur a été laissé cinq secondes par caractéristiques soit 60 secondes, ils ont choisi cette même marque, mais à 38 %.
- Sans temps imparti et la liberté de réfléchir, alors 67 % d'entre eux ont choisi la 1re marque.

La conclusion de cette étude montre que, lorsqu'on laisse le temps de la réflexion, notre analyse devient plus objective. Il nous est alors possible d'évaluer les risques associés à la décision et de répondre à cette question : qu'est-ce qui est essentiel et qu'est-ce qui est accessoire ?

L'utilisation concrète au niveau commercial

Cela signifie que, parfois, même si vous rêvez que votre client fonce tête baissée, il faut absolument lui laisser le temps (et l'outiller) pour mener une réflexion qu'il ne regrettera pas.

Tout d'abord, amenez-le vers un processus contradictoire. Confrontez les différentes solutions qui s'offrent à lui en lui exposant les risques de chacune, ou jouez l'avocat du diable en lui exposant ce qu'il gagnerait à choisir la solution concurrente (+ de X mais – de Y). Attention à bien calibrer votre para verbal lors de cette étape : imaginez que vous vous adressez à un ami que vous challengez avec bienveillance. Ensuite, mettez à sa disposition les informations nécessaires à la prise de décision : des témoignages clients, les bénéfices inhérents à votre solution... Enfin, structurez avec lui son temps de réflexion entre prise de connaissance des éléments fournis, échange en interne avec d'autres protagonistes...

Pensez bien que précipiter un client dans une prise de décision stratégique le renverra à ses biais cognitifs.

Évidemment, cela est aussi valable pour vos propres prises de décision (un changement de poste, un recrutement...). Dans ce cas, nous vous invitons à procéder en trois étapes :

1. Attendez que l'émotion ressentie à l'instant où ce choix s'offre à vous redescende.
2. Listez tous les risques associés à la décision. Quels pourraient être les dommages collatéraux, les conséquences négatives ?
3. Ayez une vue d'ensemble en évaluant l'impact de cette décision sur d'autres décisions à venir ultérieurement.

Mais surtout, gardez en tête une chose primordiale : mieux avoir des remords que des regrets.

• Pourquoi entendre un non peut entraîner un oui ?

Ce que nous allons partager avec vous va peut-être vous sembler paradoxal. En effet, l'objectif de cette technique est de se faire sciemment répondre « non » pour que votre interlocuteur accède à votre demande. Étrange, non ?

Dans cette démarche, il faut savoir passer outre ce premier refus même s'il est attendu. Néanmoins, votre client ne doit pas percevoir l'aspect stratégique de la démarche.

La démonstration

Une expérience a été menée dans un centre de détention de jeunes délinquants. À la recherche de bénévoles pour accompagner ces jeunes en sortie, les représentants du centre de détention s'adressent à des étudiants et leur font cette demande : « *Seriez-vous d'accord pour accompagner de jeunes délinquants au zoo pendant 2h ?* »

Résultat : 83 % de refus.

Le centre décide donc de procéder autrement auprès d'un autre groupe d'étudiants en leur exprimant cette demande préalable : « *Nous recrutons des étudiants qui accepteraient de travailler bénévolement au centre de jeunes délinquants. Il s'agit de consacrer 2h par semaine pendant deux ans à ces jeunes. Vous auriez un rôle de "grand frère" auprès d'eux. Êtes-vous intéressés ?»*

Évidemment, ces étudiants ont refusé. Immédiatement après ce premier refus, les membres du centre ont présenté leur deuxième requête, celle sur l'accompagnement au zoo. Résultat: Seulement 50 % de refus soit une réduction de 33 % !

L'utilisation concrète au niveau commercial

Le principe est simple et vous pouvez facilement le mettre en œuvre. Son efficacité sera maximisée si vous avez déjà instauré un climat de confiance avec le prospect ou avec votre client.

Vous procédez à une première demande suffisamment conséquente pour que interlocuteur ne puisse l'accepter, même s'il le voulait. L'objectif est de recevoir un non ferme et sans appel. À ce moment-là, votre interlocuteur doit réellement être sidéré du « coût » (matériel, financier, en temps, en ressources… peu importe) pour lui de cette requête. C'est ce ressenti qui va être la clé de son acceptation future.

La seconde demande doit absolument avoir un lien avec la première. Plus raisonnable, elle va actionner chez votre interlocuteur un principe de réciprocité qui consiste à « rendre la pareille »: vous avez accepté le refus avec empathie, c'est une concession forte de votre part. Cela le conduit à se sentir à son tour redevable envers vous d'un effort. En conséquence, il sera plus enclin à accepter votre seconde requête.

Prenons un exemple concret. Nous vendons, entre autres, des formations en vente et management. Nous savons pertinemment qu'un des critères d'efficacité des formations est de bien connaître le marché et les enjeux de nos clients. Cela nous permet de personnaliser le champ lexical, les exercices et les mises en situation, ce qui facilite l'adhésion et la participation des apprenants. Pour disposer de ces connaissances, nous vendons des jours d'immersion dans l'entreprise et/ou des interviews avec les collaborateurs clés au sein du service. Ces jours de préparation sont souvent difficiles à vendre car les clients n'en perçoivent pas toujours l'utilité. Nous procédons donc avec une première demande d'un audit d'une semaine du département incluant accompagnement clients, interview et étude complète des supports de vente. En général, tant pour des raisons de coût que de timing, le client refuse. Nous enchaînons alors immédiatement avec une demande plus raisonnable de trois jours concentrés sur les participants et les enjeux de leur département (en soulignant quand même le fait que nous ne pourrons pas faire de préconisations allant au-delà de l'aspect formation).

• Pourquoi le *story telling* vous permet de sortir des pires situations ?

Le story telling... cette approche narrative est aujourd'hui maîtrisée par de nombreux politiques (Ronald Reagan fut le premier à employer cette stratégie) ainsi que de nombreuses grandes marques comme Free, Evian ou encore Apple. Le succès de cette technique de narration s'explique par le fonctionnement de notre cerveau.

Grâce aux neurosciences, nous savons en effet que notre prise de décision est, avant tout, émotionnelle. Ce sont les émotions que nous ressentons qui nous permettent d'acheter, d'adhérer à une idée ou un concept, d'être convaincus tout simplement.

Raconter une bonne histoire parle donc au cœur de vos clients. Elle leur permet de se projeter dans votre offre à condition de respecter les trois étapes suivantes :

1. Capter leur attention.
2. Stimuler leur désir de changement en exposant leurs risques à rester dans la situation actuelle.
3. Les convaincre par la présentation de la solution qui leur évitera de faire face à ces risques.

La démonstration

En 1962, Decca Records, éditeur britannique de musique, auditionne un jeune groupe de rock. Le résultat de cette audition fut sans appel : « Nous n'aimons pas le son du groupe. Les groupes ont fait leur temps, en particulier les quatuors avec Guitare. » Ce groupe, c'était les Beatles…

Dommage pour Decca Records qui n'a pas su détecter le potentiel du groupe. Peut-être en raison de l'absence d'histoire à raconter par les Beatles… car il n'y avait pas d'antériorité.

Mais ce fut une belle opportunité d'apprentissage pour cette compagnie phonographique : l'histoire de cet échec lui permit par la suite de sortir du mode « pilotage automatique » que nous adoptons face à un choix. Vous imaginez bien que Decca a mieux analysé le potentiel des jeunes artistes les années suivantes. Il faut vivre ce type de situation pour accepter de remettre en cause des croyances puissantes.

En effet, une étude de Chip et Dan Heath[1] a montré que des médecins qui se disaient totalement certains d'un diagnostic avaient tort dans 40 % des cas. Envisager nos prises de décision sous un angle unique (notre zone de confort) s'avère donc risqué.

Et, justement, l'histoire nous sort de notre zone de confort en nous permettant d'envisager les choses sous un angle différent. Les opportunités sont alors plus visibles.

---

1. *Comment faire les bons choix. Déjouer les pièges de la raison pour prendre de meilleures décisions*, Flammarion, 2017.

L'utilisation concrète au niveau commercial

Votre marché est très concurrentiel et, avouons-le, vos solutions offrent peu de différenciation par rapport à celles de la concurrence. Il ne vous est donc pas toujours évident de retenir l'attention de vos prospects. Et si vous leur racontiez l'histoire des Beatles ?

Vous êtes face à votre prospect pour la première fois après un rendez-vous obtenu d'arrache-pied. Votre interlocuteur est là, devant vous il vous observe et se demande certainement ce que vous avez de plus que les autres à lui proposer. Peut-être même qu'il regrette déjà de vous avoir accordé ce moment qui va lui prendre un temps précieux. Vous savez que vous n'avez que quelques secondes pour marquer son esprit, pour lui montrer que vous, vous êtes différent. Car si vous ne le faites pas vous perdrez la partie. Avant même d'avoir commencé à exposer ce que votre solution va améliorer, vous aurez perdu son attention. Une opportunité qui tombera à l'eau.

Heureusement, vous avez maintenant une corde de plus à votre arc : le story telling. La méthode qui vous permet de sortir de l'ordinaire.

Et vous vous lancez : « *Monsieur/Madame X, laissez-moi vous raconter une courte histoire... celle d'une compagnie phonographique des années 60, Decca Records. Cette compagnie, après avoir auditionné un jeune groupe de rock, a déclaré que ces jeunes étaient sans avenir car les quatuors avec guitare avaient fait leur temps. Ce groupe c'était les Beatles. Ce label est passé à côté du plus grand groupe de tous les temps parce qu'il n'a pas su en déceler le talent et oser offrir leur chance à ces quatre garçons dans le vent qui aurait fait leur fortune. Alors, je ne me compare pas aux Beatles mais nous avons l'habitude de marquer les esprits avec nos clients ! Et par ailleurs, j'ai une telle foi dans mes produits et services que je ne veux pas que vous passiez à côté d'une solution qui assurera votre succès. »*

Notre conseil : notez la structure que nous venons d'employer pour vous projeter dans ce moment.

• Pourquoi le coût d'opportunité est votre meilleur allié ?

La démonstration

Pour son doctorat en science de la décision, Shane Frederick a exploré la manière dont les consommateurs réfléchissent aux coûts d'opportunité. Le coût d'opportunité désigne ce à quoi on renonce quand on prend une décision. Imaginez que vous souhaitiez voir en DVD le récent film de votre acteur favori. Vous passez devant une vitrine qui le propose au prix promotionnel de 9,90 €. Que faites-vous dans cette situation ?

1. Vous achetez cette vidéo rêvée
2. Vous n'achetez pas cette vidéo rêvée

Dans cette prise de décision très rapide, immédiate, sans réflexion, 75 % des sondés achètent le film.

La même question est ensuite posée mais avec une légère différence :

1. Vous achetez cette vidéo rêvée
2. Vous n'achetez pas cette vidéo rêvée et vous gardez les 9.90 € en vue d'autres achats

Cela paraît basique et un peu enfantin ? C'est vrai mais dans ce cas de figure, 45 % des gens n'achètent pas la vidéo !

Le président Eisenhower parlait de coût d'opportunité en rappelant qu'un bombardier lourd coûtait 30 écoles neuves, ou deux hôpitaux ou encore 100 kilomètres de route. Le coût d'opportunité est une aide à la bonne prise de décision mais également un biais pour mettre en doute une réflexion qui pouvait paraître évidente.

L'utilisation concrète au niveau commercial

Sur un plan commercial, les possibilités d'utiliser la technique du coût d'opportunité sont nombreuses.

Vous pouvez tout d'abord vous inspirer de l'histoire des DVD en proposant une alternative à votre proposition initiale qui offre d'autres perspectives de profit. Par exemple, vous travaillez dans un cabinet de chasseur de tête et vous proposez à votre client de réaliser un recrutement pour lui moyennant 20 % du salaire annuel proposé à l'embauche. Classique. Il tique un peu. Parallèlement à cela vous lui proposez l'alternative suivante : il laisse tomber le recrutement, difficile parce qu'il y a peu de bons candidats et comportant une part de risque, et vous lui proposez d'assurer, pour le même coût, la formation et la montée en compétences de trois collaborateurs avec un accompagnement sur trois mois...

Voici un autre exemple. Comment inciter un client à se déterminer pour une offre de meilleure qualité mais aussi plus chère, en clair de pratiquer du *Up Selling*? Difficile si vous mettez les deux offres en parallèle. En revanche, si vous introduisez une troisième possibilité, encore plus chère que les deux premières, votre client aura tendance à choisir la seconde qui le fera monter en gamme et améliorera votre rentabilité.

Enfin, le simple fait de comparer votre offre à celle du concurrent amène votre client à évaluer le couple risque / opportunité de chaque offre en fonction de ses propres critères et motivations d'achat. Il est donc fortement souhaitable pour le vendeur d'avoir su mettre en relief ces critères et motivations lors d'un entretien préalable.

3.

L'irrationalité prévisible des décisions

Vous avez fait une proposition et il s'agit désormais d'échanger avec votre acheteur potentiel. Mais vous remarquez très vite que son enthousiasme n'est pas débordant. Pourtant jusqu'ici tout s'était bien passé. Il vous faut éclaircir ce qui conditionne ce nouvel état d'esprit. Devant l'échéance qui se rapproche de devoir prendre une décision, votre interlocuteur est probablement traversé par un ensemble de biais cognitifs qui, au-delà de nuire à la justesse de son jugement, risque de nuire à vos relations et d'anéantir vos chances de succès...

Les biais cognitifs sont des mécanismes de pensée qui induisent une distorsion dans le traitement de l'information. À cause d'eux, nous interprétons les situations, prenons position ou justifions une décision de façon erronée ou illogique. Ces biais sont nombreux et influencent nos relations sociales. Nous partons du postulat que les autres voient le monde comme nous le voyons nous-mêmes, ce qui est faux dans la plupart des cas. Il s'agit ici du biais de transparence. Chacun est une île qui se respecte. Si je traite l'autre avec ma propre vision du monde, il risque de mal le vivre.

Peut-on maîtriser les biais cognitifs et améliorer ainsi nos relations dans un cadre commercial? Le fait de savoir que nous avons des biais ne nous en protège pas forcément. On peut toutefois développer des mécanismes d'anticipation. Mieux comprendre le fonctionnement de ces biais cognitifs permet de mettre en place des outils et processus pour en atténuer les effets et aller vers une prise de décision plus rationnelle, reprendre, en quelque sorte, la main sur son cerveau.

Pas simple nous direz-vous! Les psychologues américains Amos Tversky et Daniel Kahneman ont théorisé le rôle des biais cognitifs, leur impact sur notre raisonnement et ils nous éclairent sur leur manifestation. Nous allons donc ici vous donner quelques parades possibles pour sortir de l'impasse de certains de ces célèbres biais cognitifs, à commencer par la « star » du genre, à l'origine de bien des désaccords: le biais de confirmation.

• Le biais de confirmation

La démonstration

Dans une étude de 1989, les psychologues Bonnie Sherman et Ziva Kunda ont présenté à des étudiants des éléments entrant en contradiction avec une croyance qu'ils tenaient fermement pour vraie, et des éléments de preuve supportant ces mêmes croyances. Les étudiants tendaient à atténuer la validité du premier ensemble de preuves et à accentuer la valeur du second.

De nombreuses autres études ont été menées et confirment toutes ce biais de confirmation. Pourquoi ?

Parce que nous avons tous besoin que le monde soit cohérent à nos yeux. Donc nous cherchons à confirmer ce que l'on pense déjà et nous privilégions, dans notre environnement, ce qui confirme notre pensée. Nous nous construisons ainsi une réalité subjective.

Par exemple : Les OVNI existent j'en suis persuadé ! Si les médias et le gouvernement font silence sur le sujet c'est que c'est vrai, que j'ai raison ! Si, au contraire, on cherche à démontrer qu'ils n'existent pas, ce sera à mes yeux également la preuve que c'est vrai car pourquoi déployer une telle énergie pour démonter un phénomène s'il n'existe pas ? On cherche à me manipuler, ce que je rejette, et cela renforce ma croyance dans les OVNI. Parallèlement à cela, je vais multiplier les lectures ou autres montages vidéo qui confirment mon point de vue sur le sujet.

L'utilisation concrète au niveau commercial

Votre client a une idée en tête, un concurrent dans la place et il n'en démord pas. Il ne voit pas la différence que ferait votre proposition et en plus son fournisseur actuel est moins cher ! Tout ce qui est dans votre proposition est forcément moins bien et fait obstacle à son intuition de départ.

N'essayez surtout pas d'en rajouter sur les qualités de votre offre, vous renforceriez la croyance de votre interlocuteur. Pratiquez plutôt l'empathie ! Voici comment :

1. Intéressez-vous sincèrement à ce qui fonde l'expérience et les croyances de votre interlocuteur.
2. Interrogez calmement votre interlocuteur sur ce qu'il apprécie objectivement dans l'offre concurrente et passez tous les éléments en revue en partageant des clés de lecture les plus rationnelles possibles avec lui.
3. Faites progressivement des ouvertures et demandez-lui son avis sur ces nouveaux éléments que vous introduisez dans sa réflexion.

Il est temps de passer au biais de familiarité qui traite justement du processus qui permet de sortir du cadre de référence.

• Le biais de familiarité ou notre tendance à choisir ce qui nous est connu

La démonstration

La plupart d'entre nous aimons bien rester en terrain connu. Cette maxime s'applique à merveille aux comportements des acheteurs. Le biais de familiarité nous amène à faire confiance, sans y penser, à ce qui nous est familier, connu, ce que l'on connaît le mieux.

Devant un choix, nous avons ainsi tendance à surestimer ce qui nous est connu, faussant en conséquence notre jugement et nous évitant de prendre du recul et de la hauteur. Une forme de paresse intellectuelle mais ô combien rassurante.

Si l'on interroge les gens, après coup, sur les raisons de leur choix d'un produit, la force de l'habitude est rarement évoquée, cependant n'avez-vous pas vous aussi l'impression de remplir votre caddy avec 80 % des mêmes choses à chaque ravitaillement ? Peut-être avez-vous-même fait une liste enregistrée dans votre Drive préféré… ?

Ce biais nous influence plusieurs fois par jour sans que nous y prenions garde, à commencer par les réseaux sociaux où nous relayons facilement les publications d'« amis » en leur faisant totalement confiance.

Ce biais a été mis en évidence par les psychologues Chip Heath et Amos Tversky dès 1991. Ils avaient alors constaté qu'entre deux paris offrant une même probabilité de succès, les individus vont choisir celui qu'ils connaissent le mieux.

L'utilisation concrète au niveau commercial

Ce biais très connu des publicitaires est abondamment utilisé dans le domaine du marketing des contenus. Le constat est implacable : les consommateurs se sont habitués à faire leurs propres démarches d'information sur le net. Dans leur parcours « autonome » il s'agit donc de faire en sorte qu'ils croisent des informations claires et rassurantes sur tel ou tel produit. Cela explique en partie le succès des influenceurs qui sont en quelque sorte devenus le ou la meilleure ami(e) à qui on peut faire confiance.

Et au niveau du vendeur, finalement, comment peut-il utiliser ce biais face à son client/prospect, mieux que tout autre argumentation produit ?

Il existe plusieurs pistes efficaces à conjuguer pour « influencer » en douceur un acheteur :

- Les études de cas qui permettront au client de se projeter.
- Des tutos ou vidéos, avant même le rendez-vous pour que le client puisse comprendre comment ça marche.
- Donner accès à des vidéos ou avis d'expert pour crédibiliser son approche.
- Envoyer des newsletters pour créer de la valeur aux yeux du client.
- Être présent sur les réseaux professionnels pour renforcer le lien et la relation et démontrer que vous êtes présent sur le marché.

Ces actions, entreprises de façon combinée et régulièrement, augmenteront votre visibilité et vous rendront plus familier et crédible, ce qui, vous en conviendrez, ne nuira certainement pas au dynamisme de vos ventes.

• Le biais d'ancrage

La démonstration

Nous en avons déjà parlé dans la partie « technique » du livre, sous l'intitulé « Pourquoi le premier chiffre annoncé fait autorité dans la vente ? » Voici quelques notions complémentaires.

Daniel Kahneman et Adam Tversky (1981) ont mis en évidence l'effet que peuvent avoir les données d'une situation sur la prise de décision. La façon dont seront présentées les données influencera grandement la décision !

Une épidémie sévit dans le pays. Une équipe de médecins propose deux programmes pour traiter le problème :

- Avec le programme A, 400 personnes mourront.
- Avec le programme B, il y a une chance sur trois de sauver 600 vies.

Face à cet énoncé, 72 % des participants à l'étude ont choisi le programme B. Or, le résultat obtenu est identique dans les deux cas : 200 personnes seront sauvées, 400 mourront.

Ce biais d'ancrage est à croiser avec le phénomène dit de primauté irrationnelle nommé aussi l'effet de récence, à savoir qu'un individu aura nettement tendance à se souvenir des premiers éléments reçus ou perçus d'où l'importance dite de la bonne première impression ou du premier prix annoncé.

Ainsi, les deux chercheurs cités plus haut ont mis en évidence que si l'on vous demande d'estimer la valeur d'un objet, votre réponse sera fortement influencée par la donnée de départ qui vous est présentée, même prise au hasard, en tournant une roue de la fortune par exemple avec des valeurs inscrites dessus !

De la même manière, vous aurez tendance à surpondérer les propos d'un orateur si l'on vous dit juste avant que c'est un expert du sujet plutôt que ceux d'un témoin ordinaire. D'où l'importance de se présenter et de se légitimer en permanence dans son métier, que ce soit en entretien client ou au sein de réseaux physiques ou numériques.

L'utilisation concrète au niveau commercial

Ne pas tenir compte du biais d'ancrage consisterait à prendre le risque de laisser à votre client la possibilité de donner le prix de votre produit ou de votre service alors qu'il n'a aucune référence, et sans lui avoir fait part au préalable d'arguments solides pour en faire l'estimation. Bien sûr ce n'est pas ce que vous faites.

Un acheteur averti aura de toute façon des références en tête et un acheteur amateur aura probablement consulté internet donc il s'est déjà fait une idée du prix. Cela constitue une ancre dans son cerveau. Il peut y en avoir d'autres que le prix : les garanties, le service, la livraison.

Voilà une raison supplémentaire de bien connaître son marché et la concurrence pour ne pas être « hors-jeu » immédiatement. Pour autant, il ne s'agit pas de faire une offre au rabais car souvent le prix ancré dans la tête de votre client est aussi associé à un certain niveau de qualité. Annoncer un prix très en-deçà reviendrait à lui faire automatiquement penser que votre offre est de qualité moindre.

Notre conseil : annoncez fièrement votre tarif de départ comme un élément de repère pour l'acheteur qui lui conférera inconsciemment une « note de valeur », ce qui facilitera ensuite sa décision d'achat dans le cadre du processus de négociation (« j'ai fait une bonne affaire ! »). Dans tous les cas, assurez-vous au préalable que votre interlocuteur perçoive réellement et rapidement votre proposition de valeur, les éléments constitutifs du prix, ce que votre offre lui fait gagner au regard de ses enjeux car ces éléments constituent également des ancrages puissants qui vont ensuite vous permettre de tenir votre prix.

• Le biais de disponibilité

La démonstration

Ce biais est très fréquent dans la vie de tous les jours. Il s'apparente à une forme de paresse intellectuelle qui nous conduit à privilégier la pensée automatique plutôt que la pensée rationnelle.

Nous sommes tous sous influence de messages marketing ou médiatiques répétés à l'envi et qui finissent consciemment ou non par nous paraître très importants. Notre capacité de jugement se voit altérée par la répétition des messages et nous ne prenons pas forcément la peine de les vérifier. Nous les intégrons dans nos relations avec les autres et cela nous conduit à nous positionner pour ou contre compte tenu de l'information reçue. Nous contribuons ainsi à créer des clivages puissants au sens social. Nous observons tous ce phénomène à travers l'existence, la propagation et la persistance des *fake news*.

Kahneman et Tversky que nous avons déjà cités, ont pu établir que face à une quantité importante d'informations, l'individu aura tendance à se référer à ce qui lui est familier, connu, ce qui peut être utile pour résoudre des problèmes simples avec un minimum d'effort.

On peut croiser le biais de disponibilité avec le biais de conformité qui consiste à penser ou à agir comme les autres le font. Cette fois, ce ne sont pas vos croyances que vous suivez mais celle du plus grand nombre. On aura toujours tendance à choisir un restaurant dont la salle est pleine plutôt que celui où on ne voit aucun convive.

C'est donc très ennuyeux quand vous voulez convaincre un client de la pertinence de votre offre.

L'utilisation concrète au niveau commercial

Votre interlocuteur a certainement ses habitudes, ses expériences, ses préférences. Le changement est compliqué ! Bref, est-il disponible pour assimiler de nouvelles informations ? Son cerveau aura tendance à privilégier ce qu'il connaît déjà, le passé ou le présent plutôt que le futur. Même si tout n'est pas parfait et que s'attarder sur des choses spectaculaires, nouvelles, suscitant l'émotion peut séduire.

Sur-argumenter ne servira pas à grand-chose, au contraire c'est même l'inverse qui se produira. Votre client se renfermera dans ses croyances. Partez du principe que rien n'est plus fort que lorsque l'on se persuade soi-même d'agir. Si votre client n'est pas amené à réfléchir à sa situation, à entrevoir des failles et exprimer un désir de changement, il y a peu de chances qu'il renonce à ce qu'il a déjà et qui, après tout, ne fonctionne « pas si mal ».

Dans cette situation, deux leviers s'offrent à vous, que vous pouvez actionner séparément ou cumulés.

Soit, vous accompagnez le cerveau de votre interlocuteur à faire l'inventaire de son expérience avec tel ou tel fournisseur (« si c'était à refaire... »), soit vous avez une botte secrète, un « effet waouh », de quoi lui mettre des paillettes dans les yeux et lui permettre de voir les choses sous un autre angle. Dans ces conditions, vous pouvez créer une ouverture, provoquer une véritable marque d'intérêt pour votre offre :

« Oui, je sais que vous travaillez avec telle société depuis longtemps et que vous en êtes très content mais pouvez-vous affirmer que les choses changent sur le terrain ? Qu'avez-vous mis en place et pourquoi ? Quels étaient les enjeux au départ ? Ont-ils été atteints ? L'avez-vous mesuré ? Que manque-t-il à votre avis pour y parvenir ? Quels bénéfices vous pourriez attendre dans ce cas ?» Attention, ça va être à vous de parler !

• Le biais d'attribution ou la tendance à tirer des conclusions hâtives

La démonstration

Ce biais désigne les erreurs que tout un chacun commet communément pour interpréter ses propres comportements ou celui des autres. Pourquoi ces erreurs ? parce que notre cerveau est enclin à effectuer des interprétations erronées de son environnement social.

Fritz Heider fut le premier à étudier la théorie de l'attribution. D'autres psychologues, Harold Kelley et Ed Jones notamment, ont développé les premiers travaux de Heider en identifiant les conditions dans lesquelles les personnes sont plus ou moins susceptibles de faire différents types d'attributions. Par exemple, si une personne se montre impatiente à un guichet, le guichetier aura tendance à se dire « quelle impolitesse ! » plutôt que de lui attribuer des circonstances particulières de type « elle doit sûrement être pressée. »

L'utilisation concrète au niveau commercial

À l'annonce de votre tarif, votre interlocuteur juge immédiatement votre offre « chère ». Ok, mais que pense-t-il réellement ? Quelle est la cause de ce jugement hâtif ? Pense-t-il cela pour de bonnes raisons ou non ? Parmi les mauvaises raisons il pourra penser par exemple « ce fournisseur se moque de moi ; ça ne m'étonne pas, ce sont des Parisiens... ; on m'avait prévenu qu'ils avaient la réputation d'être cher... ? ». Et parmi les bonnes raisons « bon, je ne suis pas surpris, ce sont les meilleurs du marché, leurs intervenants, leurs matériaux... » Ses premières pensées sont-elles positives ou non ?

Si tel n'est pas le cas, vous avez du travail ! En réalité, on voit peu de prospects ou de clients tarir d'éloges sur un fournisseur pour justifier eux-mêmes le prix « au-dessus du marché » qui leur est demandé. Mais après tout, pourquoi pas ? Il pourrait tout aussi bien avoir *a priori* une perception positive de votre marque et de ce fait avoir tendance à surévaluer vos offres (c'est l'effet de halo dont nous avons parlé plus haut dans le livre).

Quelle valeur le prospect attribue-t-il à votre offre ? Sur quoi se fonde-t-il ? Pourquoi ne pas le lui demander ? Ne cherchez surtout pas à vous justifier ! Posez une question pour surprendre votre interlocuteur et connaître ses véritables motivations et enjeux, savoir ce qui se cache derrière l'écran du prix et de sa perception. Le client n'achète pas un prix ! Alors, que veut-il vraiment ? Une prestation pour dépenser son budget ou une solution pour répondre à un vrai enjeu stratégique ? Dans ce dernier cas, vous aurez l'occasion de semer le doute dans son cerveau et cela vaut le coup pour lui de vous écouter afin de savoir comment vous pouvez l'aider à atteindre ses objectifs et/ou ceux de son entreprise.

• Le biais d'autorité : « à dire d'expert… »

La démonstration

Nous tombons tous dans le piège de l'autorité, à savoir se rattacher sans retenue à l'avis des experts sur des sujets complexes auxquels nous ne comprenons rien ou pas grand-chose. L'épisode de la crise COVID fut un festival de combats d'experts qui avaient chacun leurs groupies. Dans l'absolu, il vous paraît logique de faire davantage confiance à un professeur d'immunologie qu'à l'oncle Jean-Claude ou qu'à Complot_67 sur Facebook. Pourtant, même les experts peuvent se tromper. Qui avait prévu la crise des *subprimes* ? Pratiquement personne ! Vous avez sûrement d'autres exemples.

La célèbre expérience sur l'obéissance à l'autorité réalisée en 1961 par le psychologue Stanley Milgram illustre bien le biais d'autorité. Dans cette expérience, il demande à des volontaires d'envoyer à une personne assise derrière une vitre des décharges électriques de plus en plus fortes, de 15 volts jusqu'à 450 volts, quasiment mortelles dans ce dernier cas. Lorsque les volontaires voulaient arrêter l'expérience devant les hurlements de douleur de la « victime », qui était en réalité un comédien et qui ne recevait aucune décharge, le professeur Milgram répondait calmement « Continuez, l'expérience l'exige. » La plupart des volontaires, poussés par le respect de l'autorité, ont poursuivi l'expérience et plus de la moitié sont allés jusqu'au maximum de l'intensité des décharges.

La question de l'autorité se pose encore plus quand la profession ne fait pas forcément autorité dans l'inconscient collectif, qu'elle est facilement critiquée, remise en cause dans l'opinion. Faites-vous aussi facilement confiance à un garagiste, un banquier ou… un vendeur ?

L'utilisation concrète au niveau commercial

Faire usage de référence à des expertises fonctionne très bien dans le milieu commercial et permet de réaliser des biais forts et durables d'autorité. N'est-ce pas ce que nous faisons à travers ce livre en introduisant chaque chapitre par une référence à une étude ou à des paroles d'experts sur le sujet ? N'y voyez pas de fourberie de notre part, nous pensons simplement que vous croirez davantage un chercheur que notre humble expérience et comme vous, nous cherchons des solutions pour progresser.

En résumé, affirmer que votre solution est géniale ne suffit pas. En revanche, si vous cautionnez vos produits, votre étude ou vos travaux en vous appuyant sur la recommandation d'un corps d'experts, il y a fort à parier que l'on tende une oreille attentive à vos propos. La preuve ? Souvent, le client ne retient que cela, et quand il vous recommande lui-même il aura tendance à reprendre cet éclairage d'expert… : « je te recommande cette mutuelle pour tes soins dentaires, elle est de loin la plus recommandée par l'Ordre des dentistes… »

• Le biais de *statu quo*

La démonstration

La locution « statu quo » vous parle certainement. Vous n'aurez certainement pas de mal à vous remémorer une situation de vente où vous aviez le sentiment que les situations étaient figées au profit d'un concurrent en place.

Chez votre prospect, le biais de *statu quo* traduit sa résistance au changement. Fort de ses habitudes avec tel ou tel prestataire, votre interlocuteur considère que toute nouveauté entraîne plus d'inconvénients que d'avantages pour la bonne marche de son entreprise. Il pensera « oui… mais » !

Comme il doit prendre une décision, il aura tendance à choisir la moins risquée, celle qui lui offre le confort d'une situation ou d'une prestation connue. Et ainsi vont les adages « on sait ce qu'on perd mais pas ce qu'on gagne » ; « dans le doute, abstiens-toi ». Ces réflexes obèrent fortement notre goût pour l'aventure dans la vie quotidienne, la politique (les réformes...) comme dans le business et, parfois, nourrissent nos regrets.

Les travaux de Tversky et Kahneman dès les années 70, maintes fois repris, ont mis en lumière ce comportement irrationnel à travers la théorie des perspectives. Le constat est que nous réagissons différemment face à une situation dont la perspective est soit le gain, soit la perte.

En cas de gain potentiel, les individus ont tendance à choisir les solutions les plus sûres, quitte à diminuer l'espoir de gain (« un tien vaut mieux que deux tu l'auras »). Et en cas de risque de perte, les individus ont tendance à choisir les solutions qui offrent moins de possibilité mais avec un espoir de moindre perte (« je sais ce que je perds, pas ce que je gagne »).

L'utilisation concrète au niveau commercial

Comment combattre ce biais en situation commerciale ? Ne nous le cachons pas c'est très difficile pour votre interlocuteur d'accepter de changer de point de vue et de sortir de sa zone de confort. Posons-nous donc la question suivante : que lui manque-t-il pour y parvenir ? Une seule réponse : des repères !

Votre interlocuteur a besoin d'évaluer le plus concrètement possible les gains tangibles qu'il peut espérer d'un changement, de passer à quelque chose de mieux.

Vous devez donc lui prouver vos dires de façon convaincante. Comment ? En fournissant de solides arguments, études, expériences et données à l'appui.

Vous pouvez également mettre en avant les avantages et inconvénients de chaque solution et surtout les risques encourus à ne pas/rien changer, et donc, en faisant cela, stimuler son aversion à la perte.

Une fois votre démonstration effectuée et vos meilleurs arguments sortis, questionnez votre interlocuteur pour sonder son avis et ses ressentis.

Cette technique de visualisation des risques à ne rien faire *versus* des gains à agir est fréquemment employée avec succès par les vendeurs d'assurance et de prévoyance. On comprend effectivement que ces vendeurs ont besoin de faire « toucher du doigt » les bénéfices d'une couverture du risque à des individus pour qui « tout va bien ».

Si vous œuvrez dans d'autres domaines, vous déduirez aisément tous les bénéfices que vous aurez à anticiper et traiter ce bais de *statu quo* pour vos ventes futures !

• Le biais « erreur de planification » ou « quand le temps joue contre vous »

La démonstration

Daniel Kahneman, dont on a rappelé qu'il est psychologue, économiste et lauréat du prix Nobel d'économie en 2002, et son collègue Amos Tversky se sont penchés sur nos retards fréquents, jusqu'à même abandonner parfois les projets que nous nous étions pourtant engagés à mener à terme.

Après avoir observé les habitudes de leurs collègues, ils se sont rendu compte que ces derniers sous-estimaient régulièrement le temps nécessaire à la réalisation d'un projet, alors même qu'ils avaient auparavant eu du retard sur des projets similaires. Autrement dit, ils n'avaient rien retenu de leurs erreurs passées !

Achat de noël, impôts, de très nombreuses personnes attendent le dernier moment pour agir alors même qu'elles s'étaient jurées de ne pas recommencer.

Les retards ne sont pas imputables à notre seule paresse ou à la fameuse procrastination. Plus généralement, nous sous-estimons le temps dont nous avons besoin pour accomplir une tâche.

L'utilisation concrète au niveau commercial

Si nous avons souhaité aborder ce biais dans cet ouvrage, ce n'est pas pour vous accabler ! Mais bien pour que vous preniez en compte ce biais chez vos clients et prospects.

Illustrons donc la situation. Vous avez conclu la vente, tout le monde est content. Seulement voilà : pour des raisons techniques, de relation à distance, de nécessité de récupérer certains documents, vous ne pouvez engager votre client immédiatement et faire signer le contrat ou le bon de commande.

Vous faites confiance à votre client pour vous adresser tout cela « au plus vite » afin de finaliser la vente, ce à quoi il acquiesce volontiers. Et là... plus rien. Vous le relancez après deux ou trois jours ouvrés. Il a oublié ! Ou pas, mais il a toujours une bonne excuse. Oui il va le faire, sans faute, après le week-end parce que cette semaine, c'est compliqué ! Mardi... toujours rien. Le temps a passé et sa volonté de s'engager dans cet achat a sérieusement décliné ou pire il a trouvé mieux ailleurs, ou changé ses plans.

Les psychologues Amos Tversky et Elgar Shafir ont tenté une expérience avec des étudiants. Ils leur offraient cinq dollars pour répondre à une enquête. Dans un cas ils leurs donnaient cinq jours maximum pour le faire, dans l'autre ils ne donnaient pas de délai. Dans le premier cas, 66 % des étudiants ont rendu l'enquête dans les temps et réclamé les cinq dollars. Dans le deuxième cas, seuls 25 % des étudiants ont récupéré les cinq dollars.

Voici donc notre conseil : ne quittez pas un client sans être exigeant sur la suite du processus. Plus vous le serez sur les délais – en clair, plus vous les raccourcirez – plus vous aurez de chance de conclure effectivement la vente.

4•

Comment déjouer les pièges des acheteurs professionnels ?

Vous lisez actuellement un livre sur les minutes qui font vendre, vous prenez donc de l'information voire de la formation pour progresser sur la compétence de négociation. Les acheteurs font la même chose.

L'acheteur est là pour gagner, donc il se doit de vous influencer pour vous convaincre. Certains acheteurs tenteront de le faire habilement, avec assertivité, calmement, d'autres de manière plus agressive. L'ensemble des acheteurs utiliseront pourtant les mêmes techniques, de manière consciente ou inconsciente, volontairement ou pas.

Pourquoi ? Parce que les approches peuvent être naturellement regroupées dans de grandes familles.

Lors de votre préparation, vous pouvez vous mettre à la place de votre acheteur et imaginer ses propres stratégies afin de vous y préparer.

Ces stratégies peuvent être de quatre natures :

1. **sincères et fondées** : votre interlocuteur le croit et pense avoir des preuves ;
2. **sincères et non fondées** : votre interlocuteur le croit et pense avoir des preuves qui sont fausses ;
3. **non sincères, non fondées** : votre interlocuteur sait que c'est faux… et l'utilise quand même ;
4. **non sincères, fondées** : votre interlocuteur croit que c'est faux, alors que c'est vrai. (Il tente et trouve une faille dans votre offre « par hasard » – exemple : « j'ai entendu dire que vous aviez eu des soucis de SAV sur ce produit… »)

À la lecture, certaines réponses peuvent vous sembler délicates, il n'en est rien. Il faut bien prendre conscience que chaque réponse doit être formulée calmement, sans arrogance aucune, avec le sourire. Vous entrez dans une partie d'échecs : la forme, le non-verbal sont vos atouts les plus précieux pour contrer chacune des stratégies que votre interlocuteur pourrait mettre en œuvre.

Vos objectifs en formulant vos réponses sont multiples :

1. amenuiser l'attaque et faire baisser la pression ;
2. adopter une posture « solide » par opposition à celle d'un négociateur qui aurait peur ou serait prêt à « lâcher » trop vite ;
3. creuser les enjeux réels de votre interlocuteur pour trouver une solution acceptable pour tous ;
4. engager votre interlocuteur.

• Pourquoi vous pouvez battre un client qui vous met la pression sur les volumes ?

Comment reconnaître cette stratégie ?

Votre interlocuteur met en exergue le volume acheté par ses soins, en euros, en tonnes, en nombre, en heures.... Il démarre généralement par : « Nous pesons X milliers d'euros par an chez vous, il nous faut donc revoir les conditions. »

Comment la contrer ?

Reformuler l'argument de votre interlocuteur et lui montrer que ce volume, tout en étant important, ne fait pas de lui un client indispensable à votre société, le tout avec tact et sans le vexer : « Effectivement, nous avons regardé et nous vous confirmons. C'est pour cela que je suis présent aujourd'hui devant vous. À date, notre entreprise réalise un chiffre d'affaires de X... et notre ambition est de continuer à développer ce business en intégrant évidemment votre courant d'affaires. Je vous propose de regarder ensemble les nouveautés de cette année qui peuvent développer votre propre chiffre d'affaires et pour cela, j'ai besoin de bien comprendre vos futurs enjeux »... puis, SILENCE.

LE SILENCE est une posture très difficile à adopter d'une manière générale, et plus encore sous tension.

Le fait d'être capable de se taire à ce moment précis développe votre autorité, votre confiance en vous. Cette séquence permet à votre interlocuteur de vous jauger par la même occasion. Une personne parlant beaucoup n'est pas rassurante d'une manière générale mais encore plus dans cette situation.

Si cela se tend ?

« Cher Monsieur, mon objectif devant vous est de conforter notre courant d'affaires, je n'ai aucune envie de devoir remplacer un client historique et je souhaite donc trouver une solution avec vous. »

• Pourquoi vous pouvez battre un client qui vous met la pression sur la concurrence

Comment reconnaître cette stratégie ?

Votre interlocuteur met en exergue les offres concurrentes qu'il a reçues. Il démarre généralement par : « Vous êtes aujourd'hui cinq en compétition [ou « j'ai reçu quatre offres mieux-disantes que la vôtre »], si vous ne faites pas d'efforts, je me devrais de changer de partenaire ».

Comment la contrer ?

Démontrer que vous possédez une expertise pointue de votre marché et que vous êtes habitué à gagner contre ces mêmes concurrents, à la fois pour mettre le doute et confirmer votre capacité à faire une offre adaptée. « Chère Madame, vous connaissez très bien le marché, tout comme notre entreprise. Aujourd'hui, nous avons X milliers de clients et, évidemment, je vois tous les jours des interlocuteurs qui me présentent des offres concurrentes mieux-disantes. Sachez que sur le dernier mois, j'ai bataillé sur cinq dossiers et, finalement, quatre clients ont continué à nous faire confiance. Pourquoi, me direz-vous ? Parce qu'au final, le coût du changement de partenaire, et les gains générés par nos nouvelles solutions ont démontré qu'il fallait continuer le partenariat. Je vous propose de regarder ensemble vos enjeux futurs afin que je puisse vous démontrer notre valeur ajoutée. Et pour être tout à fait transparent, le dossier perdu fut une décision de notre entreprise car nous ne voulions pas vendre à perte. Nous ne souhaitons pas faire un “coup” avant d'être obligés de faire marche arrière car notre entreprise a vocation à rester durablement un partenaire solide »... puis SILENCE.

Si cela se tend ?

« Chère Madame, je comprends votre argument, et je suis ici pour trouver une solution car je n'ai aucune envie d'aller chercher un nouveau client dans les dizaines de prospects de votre région pour vous remplacer. Ce n'est pas que je ne sais pas le faire, c'est que je préfère travailler durablement avec vous ».

• Pourquoi vous pouvez battre un client qui vous met la pression en avançant une rumeur, vraie ou fausse

Comment reconnaître cette stratégie ?

Votre interlocuteur met en exergue une information, justifiée ou pas, pour tester votre capacité de résistance. Il démarre généralement par : « Je connais bien le marché, je me suis renseigné, je sais que vous pouvez faire beaucoup mieux que l'offre que vous me faites. »

Comment la contrer ?

Confirmez, pour le rassurer, que tout est possible en contrepartie de certains efforts sur les volumes par exemple (si vous avez une grille de prix le permettant). « Cher Monsieur, je vous confirme que nous avons, dans certaines situations, des offres différenciées. Parmi nos clients, il y a des niveaux de volumétrie qui varient. Si vous m'achetiez deux fois plus de produits, je vous confirme que je pourrais faire un effort car je pourrais mieux amortir nos coûts. J'imagine que vous pouvez avoir une politique identique de votre côté, avec vos propres produits. Je vous propose de regarder ensemble vos enjeux futurs afin que je puisse vous démontrer notre valeur ajoutée »... puis SILENCE.

Si cela se tend ?

« Cher Monsieur, vous souhaitez que je fasse un nouvel effort sur le prix ? Très bien, de votre côté, quels sont les volumes supplémentaires que vous pourriez prendre ? »

• Pourquoi vous pouvez battre un client qui vous met la pression sur sa capacité d'influence

Comment reconnaître cette stratégie ?

Votre interlocuteur met en exergue une capacité à vous aider... ou à vous nuire. Il démarre généralement par : « Je connais beaucoup de monde dans le domaine et dans l'entreprise, et je crois qu'il est de votre intérêt de faire les efforts nécessaires pour nous satisfaire. Au risque de tout perdre » ou « Je fais partie du syndicat et de la fédération, vous savez que je peux vous aider à augmenter vos volumes... ou à les perdre. »

Comment la contrer ?

Démontrez que vous avez une excellente connaissance de l'entreprise de votre client ou du marché, et que vous disposez vous-même des appuis qui peuvent vous aider à un moment ou un autre. « Cher Monsieur, je sais que vous avez une réelle capacité à me recommander dans votre groupe et je vous en remercie. Vous le savez, nous avons nous-mêmes plusieurs interlocuteurs dans votre groupe. Mon propre président a croisé le vôtre la semaine dernière... » ou bien « Cher Monsieur, nous avons nous-mêmes un rôle important au sein de la fédération, nous étions par exemple le sponsor de la journée d'anniversaire et avions d'ailleurs remis un prix à l'un de vos propres clients. Je sais que je suis en bonne compagnie avec vous »... ou encore : « Mr le client, je vous sais très influent auprès de votre réseau et je me doute également que vous ne recommandez jamais de fournisseur sur le critère du prix mais plutôt sur la garantie de qualité... comme cela fait 5 ans que nous travaillons ensemble, je considère que vous nous faites plus que confiance sur ce point... » puis SILENCE.

Si cela se tend ?

« Cher Monsieur, je comprends que vous me rappeliez cet état de fait. De notre côté, nous avons également une fédération dans laquelle nous sommes des acteurs reconnus, et je me fais fort de dire tout le bien de notre partenariat car je ne vois absolument pas pourquoi le contraire arriverait. Je vous propose de regarder ensemble vos enjeux futurs afin de vous démontrer notre valeur ajoutée. »

• Pourquoi vous pouvez battre un client qui vous met la pression par son silence ou ses attitudes non-verbales

Comment reconnaître cette stratégie ?

Votre interlocuteur est froid et ne répond pas à vos tentatives d'échanges en début d'entretien. Il prend un ton hautain et démarre généralement par un laconique : « Je vous écoute »... ce qu'il ne fait pas, consultant son agenda, son ordinateur ou ses notes. Il tente de vous déstabiliser en vous montrant, ou en vous faisant croire, que votre offre est faible, voire qu'une décision négative, contre vous, est déjà prise.

Comment la contrer ?

Restez patient et montrez que vous n'êtes pas déstabilisé. « Chère Madame, je vois que vous traitez un mail/ un appel, souhaitez-vous que je vous laisse quelques minutes pour finir ? » ou « Chère Madame, vous me dites d'emblée "je vous écoute". Je suis ennuyé, car je crois savoir que vous souhaitez la meilleure offre, et je ne peux vous la proposer qu'après avoir bien compris vos enjeux futurs... Pourriez-vous m'en parler quelques instants ? »... puis SILENCE.

Si cela se tend ?

« Chère Madame, je peux vous faire une offre immédiatement, ou vous en faire une meilleure un peu plus tard. Pour cela, j'ai besoin de comprendre vos enjeux futurs. Que préférez-vous ? »

• Pourquoi vous pouvez battre un client qui vous met la pression via l'urgence

Comment reconnaître cette stratégie ?

Votre interlocuteur met en exergue une dimension temps jusqu'ici inconnue, et surtout complètement démesurée par rapport aux enjeux. Il démarrera généralement par : « Je dois prendre ma décision aujourd'hui car nous avons un autre projet qui démarre demain. J'aimerais autant qu'on évite de tergiverser et j'attends de votre part la baisse nécessaire pour que je puisse décider en interne dès ce jour. » Décision qui par ailleurs n'arrivera jamais le jour même.

Comment la contrer ?

Inversez la pression du temps pour montrer que l'urgence n'est pas toujours bonne conseillère. « Cher Monsieur, je comprends votre demande qui est de plus en plus courante. Sachez que j'ai la possibilité de le faire si de votre côté vous avez le pouvoir de vous engager dans l'heure également. Néanmoins, permettez-moi de vous demander de refaire le tour de vos enjeux afin d'évaluer avec vous la meilleure solution possible »... puis SILENCE.

Et si cela se tend ?

« Cher Monsieur, je peux vous établir un tarif immédiatement. L'année dernière, vous aviez prix X produits. Cette année, vous pensez en prendre combien de plus ? »

• Pourquoi vous pouvez battre un client qui vous met la pression en évoquant la sanction

Comment reconnaître cette stratégie ?

Votre interlocutrice met en exergue une décision déjà prise en votre défaveur. Elle démarrera généralement par : « Je vous ai reçu mais nous avons déjà pris notre décision, et elle ne vous est pas favorable » ou « sachez que si nous ne trouvons pas de solution, nous arrêterons complètement notre collaboration, et ce, définitivement. »

Comment la contrer ?

Imaginez une partie d'échecs que vous pouvez perdre au premier coup et démontrez que vous avez la réserve nécessaire pour subir ce type d'assaut. « Chère Madame, je suis surpris car, de ce que j'avais compris, notre entretien devait servir de base de travail, et là, vous me dites que votre décision est déjà prise ? J'imagine que vous ne souhaitez même pas entendre la proposition que je pouvais vous faire ? ». Ensuite, attendez le retour qui sera dans neuf cas sur dix : « Je vous écoute », et proposez un nouvel échange : « très bien. Pour bien comprendre vos enjeux futurs, je me propose de regarder avec vous l'ensemble des solutions qui pourraient correspondre à vos attentes », puis repartir en phase de questionnement et... SILENCE.

Et si cela se tend ?

« Chère madame, je suis vraiment ennuyé, je suis venu vous voir pour trouver un nouvel accord. Vous m'annoncez que vous avez déjà fait votre choix, éliminant X années de partenariat. Franchement, je mérite une chance car je souhaite continuer à travailler avec vous. Ce n'est pas un besoin, c'est une envie. Je saurais parfaitement rencontrer vos concurrents et compenser largement la perte de votre compte en offrant des conditions exceptionnelles. Que faisons-nous ? Je les garde pour vous ? Ou pour eux ? »

Conclusion

Ce livre a pour vocation de donner du sens à des modifications de comportements commerciaux. L'idée n'est plus de dire « on doit faire comme cela » mais d'expliquer ce que l'on doit faire parce que les études scientifiques récentes nous démontrent que c'est ce qu'il faut faire.

Ces techniques de vente et de négociation sont redoutables mais elles ne sont pas magiques car, fort heureusement, elles ne fonctionnent pas à 100 %. En revanche, le fait de les utiliser augmente considérablement la performance finale. Imaginez que ces techniques vous fassent gagner 2,4 % sur 10 ans ? Les conséquences pour vos clients, votre employeur et surtout pour vous-même sont alors considérables.

Bibliographie

Ariely, Dan : *C'est (vraiment ?) moi qui décide. Les raisons cachées de nos choix*, Flammarion, 2016.

Cialdini, Robert : *Influence et Manipulations. L'art de la persuasion*, Pocket, 2014

Cialdini, Robert : *Pré-suasion. Le pouvoir de l'influence commence avant qu'on ait prononcé le premier mot*, First, 2017

Dugay, Nicolas : *La préparation mentale. Se mettre en posture de gagnant*, Jouvence, 2014.

Dugay, Nicolas : *Devenez un champion de la négociation. Avec la méthode REC : Résister, Engager, Conclure*, Jouvence, 2019

Dugay, Nicolas et Gilles Mounissens : *Convaincre, c'est facile ! Dépasser les objections pour mieux vendre*, 2e édition, Maxima, 2014

Gladwell, Malcolm : *La loi David et Goliath. Pourquoi nos points faibles sont nos meilleurs atouts*, Flammarion, 2019

Kahneman, Daniel : *Système 1 / Système 2. Les deux vitesses de la pensée*, Flammarin, 2012.

Pink, Daniel : *Le bon moment. La science du parfait timing*, Flammarion, 2019

Sibony, Olivier : *Vous allez commettre une terrible erreur !*, Flammarion, 2019.

Sibony, Olivier : *Vous allez redécouvrir le management. 40 clés scientifiques pour prendre de meilleures décisions*, Flammarion, 2020

Thaler, Richard et Cass Sunstein : *Nudge. La méthode douce pour inspirer la bonne décision*, Pocket, 2012.